Strade blu

Giovanni Storti
Franz Rossi

NIENTE PANICO, SI CONTINUA A CORRERE

MONDADORI

Degli stessi autori
nella collezione Strade blu

Corro perché mia mamma mi picchia

Una seducente sospensione del buon senso

librimondadori.it
anobii.com

Niente panico, si continua a correre
di Giovanni Storti e Franz Rossi
Collezione Strade blu

ISBN 978-88-04-70506-2

I edizione ottobre 2018

Indice

Prefazione

di Giacomo Poretti

È dai tempi dell'Australopiteco, 4 milioni di anni fa, che si hanno notizie del degrado fisico e mentale. Le nostre scimmie antenate, rivelando un acume insospettabile, non avevano bisogno di laurearsi in medicina, di farsi fare una scintigrafia cerebrale o di sottoporsi a un test per valutare se uno di loro era orientato nel tempo e nello spazio, per scoprire che uno arrivato a 60 anni gli restava poco da campare. All'Australopiteco, così come al secchione del Sapiens Sapiens, e perfino al figo di Neanderthal capitava la stessa roba: intorno ai 20 anni facevano le gare con i giaguari, e spesso li battevano, arrivati ai 40 dopo 200 metri di corsa si fermavano per una birretta, a 60 anni, se ci arrivavi, ringraziavi il dio del sole e al massimo giocavi a scopone, te ne stavi rintanato nella tua bella grotta perché se per caso incontravi un giaguaro non riuscivi a fare 3 passi di corsa e finivi sbranato.

L'uomo primitivo era ignorante e tirava su con il naso, ma era saggio, sapeva come godersi l'ultimo tratto di vita senza traumi e pericoli.

Oggi questa preziosa sapienza accumulata in milioni di anni è andata perduta per sempre.

Basta leggere il libro di Storti e Rossi per comprendere

come l'uomo moderno cammina, anzi corre, pericolosamente sul bordo dell'abisso.

L'Homo Tecnologicus appena compie 50 anni si mette a correre, attività che gli è completamente sconosciuta poiché è rimasto seduto fin dai tempi delle scuole elementari, ha giocato alla PlayStation, da seduto, ha passato decenni, seduto, a inviare whatsapp; è stato seduto per mesi al ristorante, è stato seduto per anni in ufficio, e poi a casa per rilassarsi si è sdraiato sul divano a guardare la tv.

Evidentemente a 50 l'Homo Tecnologicus comincia a sentire un odorino di cadavere attorno a sé, e allora, quasi certamente, si allerta un senso di colpa per tutta l'inattività perpetrata per una vita intera e successivamente si attiva un feroce desiderio di compensazione: si cerca di porre rimedio alle arterie ormai quasi occluse, di liberarsi della pinguedine mortificante, di attivare quella cosa flaccida e inutile che riveste le proprie ossa e che la medicina chiama muscoli; e quello che ne fa più le spese è il cuore: organo che si è impennato solo al passaggio di una ventenne in minigonna o ai gol della propria squadra, improvvisamente gli viene chiesto di fare una maratona, di salire a 5000 metri a piedi, o percorrere in bicicletta la tratta Milano-Tropea.

I primi tempi, grazie all'effetto delle endorfine e al culo del principiante, si sentono dei leoni, si iscrivono a tutte le maratone e mezze maratone che esistono, gareggiano nei vertical limit, nuotano nello Stretto di Messina e attraversano il Canale della Manica quattro volte consecutivamente, qualcuno, i più spavaldi, fanno anche il triathlon. Poi le scorte di sostanze endocrine si esauriscono e la smorfia del declino si stampa sulla faccia del cinquantenne.

Dopo due mesi, eserciti di decerebrati riempiono le sale dei pronto soccorso, occupano sale d'attesa dei fisioterapisti, si ammassano nei centri diagnostici per effettuare risonanze o ecografie; se per caso doveste avere bisogno di un ortopedico o traumatologo vi daranno un appuntamento fra sei anni perché l'agenda del dottore è piena di gente con i legamenti lacerati, muscoli poplitei bucati come una forma di groviera, tendini sfilacciati, ernie protruse, fratture da stress, crisi ipoglicemiche da sforzo prolungato, crampi che non passano nemmeno con l'anestesia generale, deliri e spersonalizzazioni: gente che vede brandine e biscotti per terra continuamente.

Al tempo dell'Homo Sapiens Sapiens quando arrivavano ai 60 anni andavano nella foresta a morire assieme agli elefanti, ora invece quando questi corpi, provati, umiliati dalla fatica e dal dolore, arrivano alla stessa età lasciano la famiglia e partono per il Nepal, si mettono in testa di scalare tutti i vulcani della Via Lattea, tentano la traversata dell'Oceano Indiano in apnea. Più sentono che la fine si avvicina e più la sfidano. I saggi d'Oriente aspettavano il loro giorno seduti a terra nella posizione del Loto, loro, gli squilibrati, cercano di sfuggirla in bici, correndo o arrampicandosi dove è più in alto e più freddo.

Questo libro è scritto da due sbalestrati che non stanno mai fermi, lo scoprirete addentrandovi nelle varie storie qui raccontate, storie che ti coinvolgono al punto che ti senti stanco e sfinito come loro dopo poche righe.

È probabile che, se questo libro finisse nelle mani di un Australopiteco, non saprebbe cosa farsene, anche perché all'epoca non si sapeva leggere, ma sono sicuro che un appartenente a quest'epoca proverebbe invidia, nel caso fosse giovane, leggendo le imprese incredibili dei due vecchietti; e un anziano proverebbe il doppio dell'invidia del giovane, perché da qualche parte del mondo due anziani hanno realizzato imprese da giovani: il risultato in entrambi i casi sarà un ricovero al pronto soccorso.

Io dopo aver letto il libro non mi sono alzato dalla poltrona, ma di invidia ne ho provata tanta.

Niente panico, si continua a correre

Nessuno sarà più come prima

quando si ha voglia e per non perdere la voglia
semplicemente soli o con amici veri

per riconoscenza e un po' per vanità
per non restare fermi e andare un po' più in là

per sentire la stanchezza e per sudare un po'
per consumar le scarpe che stan dentro al comò

per rallegrare i piedi che scappano leggeri
per liberar la mente e far scorrere i pensieri

perché le gambe ferme si stancano di più
e quando insegui il tram non lo raggiungi più

per far che 'sta passione non finisca mai
accorcia la falcata e non pensare ai guai

Un antico adagio in voga tra i runner recita: «Invecchiando si diventa più saggi, e più lenti».

Noi siamo profondamente convinti che ciò sia vero, soprattutto per la seconda parte, tanto che l'abbiamo chiosata aggiungendo un nostro contributo e l'abbiamo trasformata nella *Regola Aurea del Buon Corridore* (altresì detta la *Regola 42,195*): «Invecchiando si diventa più saggi e più lenti. Fattene una ragione!».

Sono passati cinque anni da quando abbiamo dato alle stampe il nostro *Corro perché mia mamma mi picchia*, che voleva rispondere alla domanda «Ma tu perché corri?», e in questo lasso di tempo abbiamo trovato nuove risposte, tra cui ora primeggia «... in effetti anch'io me lo chiedo». Uno dei privilegi dell'età è quello di non dover più render conto del perché si fanno le cose.

Comunque, anche questa volta si tratta non di un libro scritto in due, ma una conversazione tra due persone. Non abbiamo sentito la necessità di chiarire chi fosse di volta in volta a raccontare, ci è sembrato abbastanza evidente, e potrebbe essere un gioco per voi scoprirlo.

La corsa diventa un'abitudine (a volte persino un po' noiosa) che sai ti farà star meglio. E non parliamo di salute fisica. La corsa ti far star bene dentro. È come il tè di quella pubblicità: ti fa star bene di testa e di spirito.

E già che ci siamo, sfatiamo un altro mito. Non è che ogni volta che si corre ci si senta da dio, con la corsa il momento più bello è quando finisci (citando il nostro amico Matteo Caccia); corri tre volte a settimana per un mese e fai ancora fatica come la prima volta, non perdi un etto, il cuore impazzisce e soffi come un mastro vetraio di Murano... ma poi un giorno ogni tanto le gambe sono leggere, i piedi sembrano danzare sul sentiero reso morbido dal muschio, i polmoni si gonfiano di aria e ti sembra di volare.

Ecco. Corriamo per ritrovare quella sensazione. Corriamo perché sappiamo che c'è della magia nascosta e l'essere perseveranti ci premierà. Corriamo perché se non corriamo si sclera.

E poi corriamo per riconoscenza.

La corsa ci ha dato tanto: abbiamo fatto pace con noi stessi, abbiamo imparato che possiamo tenere corpo e spirito in equilibrio, abbiamo scoperto di avere dei limiti e questa consapevolezza dei confini fisici ci ha dato anche la consapevolezza di essere umani. Abbiamo scoperto che non serve superare quei limiti, ma che in momenti speciali, quando ne abbiamo davvero bisogno, possiamo spingerli un po' più in là.

La corsa ci ha dato un punto di vista diverso, privilegiato, sui fatti della vita. Ci ha liberato (oddio, proprio liberato non ancora) delle seghe mentali di chi edifica sulle teorie e non sui fatti.

La corsa rende tutto più semplice, più chiaro. Le distanze diventano certe (nessuno sa quanto sono lunghi dieci chilometri meglio di una persona che li percorre a piedi). Il tempo diventa concreto eppure relativo (provate a fare le ripetute alternando un minuto veloce e due lenti e scoprirete che è così).

Quindi, ancor oggi, corriamo.

Corriamo quando ne abbiamo voglia. E corriamo per esser certi di non perderne la voglia.

Corriamo da soli o con gli amici veri (siamo diventati sempre più selettivi).

Corriamo senza aver nulla da dimostrare agli altri (ma di questo in realtà non ci era mai importato... o per esser più precisi, a Giova sì) e soprattutto a noi stessi.

Corriamo, e questa è una cosa importante, per esser sempre pronti (fisicamente) a correre. Perché sappiamo che, se di colpo non potessimo più farlo, ci mancherebbe.

Oggi, quando corriamo andiamo più piano, corriamo di meno, e ce la godiamo di più.

Le regole del buon corridore

La corsa è una scienza esatta. E, come tutte le scienze, ha le sue regole.

n° 43 Se corri un'ora e fai 5 chilometri, stai a casa che è meglio.
n° 11 Se corri bene ti fa bene, se corri male ti fa male.
n° 21 Quando corri ricordati di respirare.
n° 29 Se senti male, accelera.
n° 99 Se allenarsi è faticoso, prova a riprendere.
n° 25 È inutile correre col freno a mano tirato.
n° 33 I capelli bianchi non aiutano la velocità.
n° 49 La corsa è ripetizione, quindi ripeti!
n° 51 Corridori si nasce, o si diventa, l'importante è non morirci.
n° 5 Non spiegare quello che fai: corri e basta.
n° 9 Se ti fanno male i piedi, cambia scarpe.
n° 41 L'infortunio è dietro l'angolo.
n° 35 La corsa è come la catalogna, deve piacere.
n° 13 Il tempo logora... tutto.
n° 7 Ogni corridore è libero di non gareggiare.
n° 19 Se vuoi vincere il dolore, sorridi e allarga le dita dei piedi.
n° 37 Se arrivi settantottesimo per un decimo di secondo, sei un cretino.

n° 27 Falla sempre tutta prima di una gara.
n° 39 La mammoletta falla a casa, in gara tira fuori le palle.
n° 15 Se vuoi superare te stesso pensa con le gambe e corri con la testa.
n° 17 Sbâsâ la cresta!
n° 45 Il pregiudizio è figlio dell'ignoranza.
n° 3 DAI, DAI, DAI, DAI, DAIIIII.
n° 1 Correre stanca.
n° 23 Se non sei bravo, immagina di esserlo.
n° 31 Ricordati che siamo fatti per il 70% d'acqua: bevi.
n° 43 La mancanza di preparazione è la preparazione al fallimento.
n° 47 La corsa è un'arte. Se corri con stile, vantati.
n° 53 Sii visionario ma pragmatico.
n° 55 Ricorda che la natura cerca di ucciderci.
n° 57 Se incontri difficoltà, esaltati.
n° 59 Hard times do not last, hard men last.
n° 63 In discesa leoni, in salita caproni... e viceversa.
n° 42,195 Invecchiando si diventa più saggi e più lenti. Fattene una ragione!

Correre a sessant'anni

Quando i runner si avvicinano ai sessant'anni, si dividono in due categorie.

La prima, incarnata dal mio amico Buzz, non ammette il trascorrere del tempo e chiede insistentemente a chi incontra: «Quanti anni mi dai? Eh? Quanti?». Il poveretto che è costretto a rispondere abbassa di qualche anno la sua valutazione per non deludere il sessantenne, che alla risposta: «Cinquantadue? cinquantatré?» gongola spudoratamente, raccontando poi il fatto ai suoi amici runner.

Altra caratteristica di questi corridori è quella di attribuire la colpa del calo delle prestazioni a clamorose bugie, travestite da banali accadimenti, tipo: «Avevo un leggero stiramento», «Non dovevo mangiare il brasato prima di venire a correre!», «Il cappellino nuovo è così stretto che mi ha fatto venire un mal di testa...», «Volevo correre con Gigi (89 anni, il più lento del gruppo)... non potevo lasciarlo solo», «Ho visto un riccio schiacciato sulla strada, mi è venuta una malinconia...».

Altra caratteristica di questi attempati runner è che la mattina, al risveglio, causa dolori e blocchi articolari, ci mettono un'ora a raggiungere la posizione eretta. Mugugnano, grugniscono, ansimano e, quando i loro partner chiedono spiegazioni, si giustificano sostenendo che stanno praticando un tipo di yoga che richiede anche l'uso del turpiloquio.

Questa categoria la potremmo chiamare «Il tempo passa e l'uom non se ne avvede».

La seconda categoria – a cui credo di appartenere – è consapevole che, con il passare degli anni, cellule, neuroni, sali minerali, elasticità e capelli piano piano abbandonano la nave. Questi runner sono realisti, continuano a correre ma sanno benissimo che non potranno più fare il loro personale, che hanno strappato vent'anni prima rischiando un ictus. Se ci provano, stavolta l'ictus è assicurato.

Se queste due tipologie di runner corrono assieme, accade un fatto curioso. I primi corrono con una mano sulle parti intime e i secondi guadagnano in fiducia.

Alla nostra piccola spedizione al vulcano Teide, a me e al Buzz si aggiunge un terzo elemento: Gianluca, famoso prof di matematica che ha scalato tutti i vulcani d'Italia, punta dell'iceberg della categoria dei fenomeni: 29 battiti al minuto (neanche un bradipo in letargo ha quelle frequenze), veloce sia in pianura che in montagna, ardito e sprezzante del pericolo. Partecipano al viaggio anche mia moglie Annita e Monica, grandi organizzatrici e voci sensate del gruppo. Se Shackleton, il famoso esploratore a capo della spedizione Endurance, avesse avuto con sé un gruppo così eterogeneo, non avrebbe riportato a casa vivo nessuno.

Il vulcano Teide, che ha dato origine all'isola di Tenerife, nell'arcipelago delle Canarie, con i suoi 3718 metri è la montagna più alta della Spagna, nonché il terzo vulcano al mondo: si erge per 7000 metri sopra la piattaforma oceanica.

Appena atterrati, noleggiamo una macchina e ci dirigiamo verso la base del Teide, attraversando il parco che lo circonda. Una foresta di larici, pini marittimi e abeti riempie l'aria di profumi piacevoli. Il parco è bellissimo e le strade in saliscendi che lo attraversano sono meta ambita di ciclisti ed escursionisti.

Un grande cratere, creatosi in tempi remoti, circonda la montagna. Pinnacoli di lava si ergono tutt'attorno e la lava solidificata la fa da padrona.

Nel mezzo di questo paesaggio selvaggio e affascinante si trova il Parador de las Cañadas del Teide, dove facciamo base. È un hotel molto confortevole e solitario, dal quale possiamo rimirare e studiare la cima.

Chiaramente nasce subito un problema. Siccome una seggiovia porta fino a 200 metri dalla sommità, c'è molta gente che sale, perciò ci vuole un permesso per arrivare da lì alla vetta. Noi non l'abbiamo e, nonostante l'insistenza delle nostre donne, risulta impossibile ottenerlo: c'è pure una lista d'attesa. Certamente non si può dire di aver raggiunto la vetta se mancano 200 metri. Ma non ci diamo per vinti. Gianluca propone di arrivare sulla vetta per una via che neanche Bonatti avrebbe scelto. Il Buzz propone di sfondare lo sbarramento come allo stadio negli anni Settanta. Io prendo tempo. Quando saremo lì valuteremo e decideremo. Che saggio che sono!

Le donne intanto cominciano a capire che nel gruppo serpeggia un po' di follia.

Il giorno dopo cerchiamo un sentiero a valle, per poter salire da una quota minore. Per Gianluca è troppo poco partire dalla base del vulcano. Io e il Buzz siamo costretti ad assecondarlo.

Ci inoltriamo nella foresta provando alcune vie e, sebbene il Buzz si perda più volte – per onor di cronaca dovete sapere che il Buzz è capace di perdersi anche nella cucina di casa sua; si giustifica dicendo che non sa cucinare e la frequenta poco – troviamo un sentiero che, partendo da El Portillo, fa al caso nostro: siamo a circa 20 chilometri dalla cima e a 1800 metri di quota.

La mattina dopo programmiamo di salire in funivia e studiare il percorso per la vetta, ma c'è troppo vento e la funivia non funziona. La nostra mente altamente intuitiva ci porta a una conclusione lampante: se la funivia non funziona, non ci sarà controllo per salire in cima! Prendiamo la palla al balzo e ci facciamo guidare dalle nostre indomite donne, che volevano fare tutt'altro, al punto di partenza stabilito. Purtroppo sono già le 11, il tempo stringe e il Buzz, che di solito ha bisogno di un paio d'ore di preparazione, sembra già in avanzato stato di decomposizione ancor prima di partire.

La prima parte di avvicinamento è bellissima. Il sentiero serpeggia tra bassi cespugli. Il terreno è color oro e in lontananza si erge il vulcano. Gianluca scalpita; la sua energia si percepisce nell'aria. Il Buzz si è già perso tre volte, anche se era con noi, e dopo una decina di chilometri non lo vediamo più. Io corricchio tranquillo, la vera salita non è ancora iniziata, anche se i 37 gradi di temperatura non aiutano il movimento. Bisogna bere molto, soprattutto il Buzz che, anche a riposo, beve come un cammello. Sul percorso non si trova acqua. Speriamo bene.

Arrivati a quota 2200 inizia la vera salita. Per raggiungere il rifugio Altavista ci sono 1000 metri di dislivello in 4 chilometri. Rifugio per modo di dire. Quando arriviamo – Gianluca saltellante, io carponi – scopriamo che all'interno non c'è nessuno e l'unico modo per rifornirsi d'acqua è mettere della moneta in un distributore automatico! Ma vi par possibile? Avete mai sentito di Messner che, arrivato sul K2, tira fuori di tasca dieci euro in moneta per riempire la borraccia? È chiaro che questi qua di Tenerife non sanno quanto possa essere devastante la fantasia italiana nello scardinare un baracchino. Io e Gianluca riusciamo a ricavare dell'acqua tagliando un cactus alla maniera dei boscimani, ripromettendoci al ritorno di scassinare il distributore. Del Buzz intanto non c'è traccia.

Altri 300 metri di dislivello e arriviamo al famoso check point. Ci avviciniamo circospetti, ma fortunatamente a controllare la sbarra abbassata non c'è nessuno. C'è troppo vento, la funivia ancora non funziona e possiamo passare indisturbati.

Ancora 200 metri di strappo e sono in cima. Gianluca mi dà 20 minuti su mezz'ora. Il Buzz, probabilmente, sta sfondando il distributore automatico; non ha mai imparato le tecniche dei boscimani.

Dalla cima si gode un panorama notevole. Da una parte cielo limpido, mare calmo e infinito, dall'altra nuvole basse e nebbia. Sembra che il vulcano divida due mondi. Nel piccolo cratere sulla cima ci sono fumarole che sbuffano vapori di zolfo. Quando il vento cambia direzione si fatica a respirare. Due escursionisti si fanno selfie proprio in cresta e, da come si muovono, sembra siano intossicati dai fumi. Li teniamo d'occhio perché sbandano pericolosamente. Scopriamo poi che, data la mancanza d'acqua, si sono bevuti una bottiglia di grappa, che giace vuota accanto a loro.

Dopo una mezz'ora riprendiamo il sentiero in discesa e, poco prima di ritrovare il rifugio, incontriamo il Buzz che sale... o per lo meno è uno che gli assomiglia. È stravolto per lo sforzo e disidratato. Ci parla, ma non si capisce cosa dica. Non abbiamo acqua da lasciargli e cerchiamo di convincerlo a scendere con noi. Sono le 16: non ce la farà mai a salire e scendere prima del buio. Ma non vuole sentire ragioni: ride senza motivo, non ha neanche visto il rifugio. Ha sempre sofferto la quota già a mille metri, figuratevi a tremila. Con la solidarietà che ci ha sempre contraddistinto, lo abbandoniamo a se stesso e continuiamo la discesa. Lo vediamo salire barcollando; siamo consapevoli che difficilmente lo rivedremo.

Arriviamo al rifugio con l'intenzione di forzare il distributore, ma purtroppo un omino ce lo impedisce e ci cambia dieci euro; ci riforniamo d'acqua e un po' delusi riprendiamo la discesa. Ci scapicolliamo giù per la via più breve, inventata da Gianluca sul momento e, dopo aver attraversato colline punteggiate da enormi, tondi massi lavici, arriviamo alla base della funivia.

Lì ci aspettano Annita e Monica. Sono le 19. L'ultimo messaggio del Buzz risale alle 17.30: stava ancora salendo. Poi, il silenzio.

Ceniamo all'hotel con una gustosa paella, annegando il pensiero del nostro amico disperso in un ottimo marmajuelo. La coscienza ci rimorde, ma non tanto da impedirci di fare una bella dormita ristoratrice.

La mattina di buon'ora, nove e mezzo-dieci, partiamo alla ricerca del Buzz. Lo troviamo che cammina sulla strada asfaltata non distante dall'albergo. Vivo.

Ci racconta che il giorno prima non è riuscito ad arrivare in cima e, in un raro momento di lucidità, è sceso al rifugio, ma non volevano farlo dormire lì perché non aveva prenotato! Completamente alterato dalla follia ha minacciato di radere al suolo la struttura, così prontamente gli hanno trovato una branda. È riuscito anche a sfamarsi rubando un piatto di pasta, condita con merendine del distributore, a una coppia di tedeschi atterriti. Alle 4 di mattina, svegliando tutta la camerata e rischiando il linciaggio, ha attaccato la cima raggiungendola all'alba.

Ci mostra orgoglioso delle foto che lo ritraggono in vetta: non lo si distingue dalle escrescenze laviche. Lo riportiamo in hotel dove non vorrebbero farlo entrare, un po' perché non lo riconoscono, un po' per l'odore di zolfo che emana.

Lo spingiamo di soppiatto in ascensore, che verrà poi bloccato per bonifica, e finalmente lo lasciamo in camera sua.

Al pomeriggio, tutti assieme, facciamo un bel giro esplorativo dei dintorni raccontandoci, ognuno dal suo lato, le sensazioni, la fatica, gli imprevisti e il piacere dell'escursione. Quando non ci sono velleità sportive, è nelle piccole cose, nel prendersi in giro e nella diversità che si trova la felicità.

Il D-day

C'è un PRIMA e c'è un DOPO.

Il momento esatto, il momento X, quello che separa il prima dal dopo, non è certo. Non è fissato da regole matematiche o da leggi fisiologiche. Non è neppure uguale per tutti.

Ma esiste. Ineluttabile. Improcrastinabile.

Quando ci sei vicino non te ne rendi conto; e di certo nel «prima» ti sembra che non potrà mai accadere... ma nel «dopo» riesci a individuare quella specifica estate, o quella particolare gara. E richiami alla memoria, con incredulità, le sensazioni del «prima».

Già vedo i vostri occhi a palla. «Ma di che minchia parlano questi?»

Abbiate pazienza. Tra un momento sarà tutto chiaro.

Hai corso la mattina e lei ti chiede se hai voglia di fare un allenamento quella sera. PRIMA: «Ma certo, ci vediamo alle 18.00 al campo». DOPO: «Che ne dici di un happy hour?».

Finisci la maratona. Sei – naturalmente – stanco morto. PRIMA: «Mai più maratona! Ma sai che uno al ristoro mi ha parlato benissimo della Vancouver Marathon?». DOPO: «Lo sapevo che era un'idea di m...».

Un amico ti invita a unirti a un allenamento con altre

persone che non conosci. PRIMA: «Ma ci sono anche delle ragazze?». DOPO: «Ma a quanto vanno? Io faccio al massimo 10 chilometri».

Pensavo a tutto questo quando, ai primi di febbraio, essendomi iscritto a un trail, avevo deciso di andare a provare un tratto del percorso.

Si tratta di *Sui sentieri e luoghi della memoria*, un trail sui generis che si corre (non a caso) il 25 aprile, nel giorno della Liberazione. Parte da Saint-Vincent in Valle d'Aosta e percorre prima alcune strade cittadine intestate a partigiani e poi si inerpica per quasi 1250 metri di quota fino a raggiungere la Cappella dei Partigiani. La gara prosegue sui sentieri, collegando in una linea ideale della memoria alcuni dei luoghi storici che hanno visto protagonisti i partigiani.

È una gara sotto casa. Conosco quei sentieri a menadito e, nonostante ci fosse a tratti la neve, non avevo difficoltà a seguire il percorso.

Ma tutto il resto era difficile. Le gambe non tenevano il ritmo che il cervello provava a impostare. Il cuore andava fuori giri. Il fiato era corto e le pause per fotografare erano dettate più dalla necessità di rifiatare che dalla bellezza, pur notevole, dei paesaggi. Insomma, ero fuori forma per affrontare un trail, una corsa in montagna, e sapevo che mi aspettavano tre mesi di fatiche in salita e in discesa.

Ed eccomi al punto.

Quando affronti una gara senza averla preparata a dovere, PRIMA la finisci magari sorprendendoti perché sei andato meglio dello sperato. DOPO l'unica possibile sorpresa è negativa, hai finito ben oltre la tua peggior previsione.

Correre in Natura è uno sport diverso dal running su strada. I muscoli sollecitati sono completamente diversi, la durata dello sforzo è molto più lunga, il dosaggio dello sforzo è altalenante.

Se in una maratona devi cercare di spalmare omogeneamente lungo i 42 chilometri tutta la tua energia, in un trail il segreto è imparare a recuperare in movimento. Dopo uno sforzo intenso, quasi massimale (una lunga salita, ad esempio) devi imparare a usare il tratto successivo per ripristinare il livello minimo di energia.

E poi ci sono delle tecniche da assimilare che devono diventare automatismi.

Quando corriamo su asfalto non facciamo attenzione a dove mettiamo i piedi. Ogni passo è identico all'altro, il meccanismo della rullata è un ingranaggio oliato. Lo sguardo è dritto avanti verso la prossima curva.

Quando corriamo in Natura, invece, le cose cambiano completamente. La tecnica di corsa o cammino varia a seconda se si salga o si scenda; e poi a seconda del terreno (sassoso, a pietroni, ghiaioso, con radici, erboso ecc.) e persino a seconda del meteo (la neve, il fango, la pioggia).

Ogni appoggio deve venir scelto con cura. Se il piede traballa, il corpo è obbligato a uno sforzo extra per mantenere l'equilibrio (e sto parlando proprio di sforzo muscolare). Se in salita il piede scivola all'indietro, perdi centimetri preziosi; se scivola in avanti in discesa, rischi di ruzzolare e perder tempo o di farti male.

Ma è impensabile che il trailer continui a osservare il terreno e opti per un appoggio o un altro in modo razionale. Saremmo lì a pensare invece che a correre... allora subentra l'esperienza, l'intelligenza muscolare.

Questo è particolarmente vero quando si corre al buio. Riconoscete immediatamente il trailer esperto dall'inesperto semplicemente osservando il fascio della frontale: l'inesperto fissa il terreno un metro avanti a sé, l'esperto guarda dritto avanti per scegliere il percorso ed evitare gli ostacoli, e si fida dei propri piedi.

Ecco, so che farà ridere, ma bisogna aver fiducia nei propri piedi. Quando si corre in discesa il peso è tutto in avanti per aumentare l'aderenza delle suole e i piedi iniziano a decidere da soli dove appoggiarsi, quanto restare su un sasso e quando saltare via. Sembra un atto di fede, ma alla base ci sono solide leggi scientifiche.

Correndo al buio si evidenzia la magia della propriocettività. Quando camminiamo e appoggiamo il piede a terra, i nostri sensori nervosi percepiscono se si tratta di un appoggio piano o irregolare e applicano immediatamente delle correzioni di postura. È un mix di sensibilità, equilibrio e forza muscolare. Succede sempre. Anche quando si cammina facendo shopping. Ma quando vai di corsa, magari al buio, su un terreno irregolare come un sentiero di montagna la propriocettività si esalta.

Sono doti innate. Fanno parte del bagaglio genetico dell'uomo dal giorno in cui ha iniziato a camminare su due gambe (vi ricordo che l'*Homo erectus* si è affacciato sul pianeta 2 milioni di anni fa, mentre il Sapiens solo 200mila anni fa, quindi non stupitevi se conta più la reazione istintiva della fredda logica). Noi seppelliamo queste capacità sotto le nostre scoperte scientifiche (le scarpe ammortizzate che non scivolano e che garantiscono di non infortunarsi!) o banalmente sotto le nostre paure (non correre che si scivola!). Ma sono capacità che abbiamo dentro e dobbiamo solo lasciar emergere.

Tornando allo scorso febbraio, me ne andavo lungo la balconata della val mediana e valutavo con malinconica rassegnazione quanta ruggine avrei dovuto togliere dai miei meccanismi automatici dopo più di un anno di corsa su asfalto, prima di affrontare una corsa in Natura. L'idea era semplice: tornare in montagna tutte le settimane. In barba al freddo o alla neve, non cercando la potenza ma solo l'abitudine al sentiero.

Sembrava un gran piano, ma la sua realizzazione ha avuto una serie di intoppi e così, il 25 aprile alla partenza da Saint-Vincent ero meno preparato di quanto avrei dovuto.

Una partenza per tre gare, la lunga (30 chilometri), la corta (17 chilometri) e la CCC (corri con il cane). Giovanni e io, naturalmente, abbiamo optato per la corta, e prudentemente ci mettiamo in coda al gruppo, insieme ai trailer che correvano con i loro amici a quattro zampe.

«Se partiamo dietro la macchina, il passo sarà regolato. Corriamo tranquilli fino al sentiero...» Non faccio a tempo a formulare il pensiero che lo starter ha dato il via e io sono senza fiato. Mi riprendo un po', Giovanni prova a dare indicazioni sbagliate al gruppo davanti a noi per portarli fuori strada e metterceli dietro, una ragazza corre con un cagnetto minuscolo che sembra irriderci, ma non ha perfezionato la tecnica di corsa al guinzaglio e finisce sempre che la padrona si trova ingarbugliata a un palo o a una ringhiera.

Facciamo il ritmo su una coppia che corre con un grosso cane, vanno tranquilli e questo mi piace, ma proprio quando mi sono regolarizzato sul loro passo, il bestione si ferma in mezzo alla strada e tra le risate del pubblico deposita una piccola montagna di cacca, obbligando il padrone a una sosta sacchetti. Per fortuna correre con Giovanni non presenta questo tipo di problemi.

Finalmente il sentiero e la salita vera. Non vedevo l'ora! Sembrerà strano, ma preferisco un po' di salita che continuare a correre su asfalto. Questa volta il detto «Attento a cosa desideri, potrebbe realizzarsi» è azzeccatissimo. Noi della corta ci spariamo tutto il dislivello in un'unica soluzione. Passiamo una serie di frazioni e intanto ci inerpichiamo sulle pendici del Monte Zerbion.

Giovanni, ormai lo conosco, si ingarella. «Dài, Franz, andiamo a raggiungere quella ragazza con la maglia viola.» Io provo a distrarlo indicandogli tutte le vette che ci circondano, chiedendogli lumi sugli alberi, fingendo un attacco di angina pectoris, ma lui implacabile mi sta davanti e detta il ritmo. L'unico momento in cui si distrae è quando si ferma a osservare un trattore (Giova ha l'animo del contadino) e commenta che è proprio un bell'esemplare.

Raggiunge la ragazza, che era il suo obiettivo, ma con grande scorno deve rallentare per aspettarmi e viene risuperato. Il tira e molla continua fino alla Cappella dei Partigiani, dove – come da regolamento – ci fermiamo un minuto a onorare la memoria di chi è caduto per la libertà. Maglia viola, che avevamo lasciato indietro, ci raggiunge e così ripartiamo di buon passo.

Conosco bene il percorso, e so che a breve inizierà la discesa che ci porterà al traguardo. Appena scolliniamo iniziamo a correre. Giovanni si esalta, mentre io provo a gestire le forze.

Si corre tra abeti e larici centenari, il sentiero è reso morbido dai loro aghi e dalle pignette che rotolano sotto le nostre suole. In pochissimo tempo abbiamo perduto 600 metri di quota e siamo giunti a un paese. Giovanni insiste nella corsa e lo invito ad allungare, preferendo un ritmo più blando: ho le gambe vuote e la lunga discesa inizia a presentare il conto ai quadricipiti.

E finalmente esco anch'io dal sentiero e riconosco l'ultimo tratto proprio sopra il bocciodromo dove è piazzato il gonfiabile dell'arrivo. Applausi, sorrisi e birra a volontà.

Lo speaker, un amico trailer prestato al microfono in questa occasione, mi stuzzica: «Franz, ma lo sai che Giovanni all'arrivo ha detto che in gara gli amici si possono lasciare indietro?».

«Giovanni chi? Non lo sai che io preferisco correre sempre da solo?»

Storie di uomini dimenticati: Otto von Fürstenberg

La falcata perfetta

Negli anni Trenta del Novecento, il giovane matematico Otto von Fürstenberg, nonché ottimo mezzofondista, formulò una teoria, poi avvalorata dalle sue equazioni, che regolava la falcata perfetta in rapporto all'altezza, peso e lunghezza degli arti inferiori e superiori. La capacità di eseguire detta falcata in modo continuato dava alla corsa dell'atleta l'espressione massima della velocità con il minimo sforzo e permetteva al corridore di avere una maggiore velocità nelle corse di breve durata.

Otto si allenava con i suoi compagni di università e li costringeva continuamente a pesarsi, misurarsi e a segnare col gesso il percorso di allenamento per tenere la falcata precisa. I risultati, nonostante spesso venisse mandato a quel paese (che ancora oggi non si sa quale sia), erano sorprendenti: lui e i suoi compagni vincevano sempre.

Le voci delle vittorie arrivarono alla dirigenza delle SS, che si interessarono ben presto alla teoria di Otto. I migliori atleti tedeschi vennero obbligati ad allenarsi sotto la guida di Otto e la sua teoria venne tenuta segreta. Purtroppo, quando nel 1936 alle Olimpiadi di Berlino Jesse Owens, un nero, vinse i 100 metri, i 200, la staffetta e il salto in lungo, Otto fu bandito dall'università e dalle federazioni sportive. La sua teoria fu fatta sparire, operazione facile perché era già segreta, e lui cadde in disgrazia.

Per farlo sparire definitivamente tre anni dopo fu spedito in prima linea come assaltatore. Al fronte Otto non si perse d'animo e addestrò un plotone che passò alla storia come «Gli Imprendibili». Attraversavano velocissimi le linee nemiche, urlando e seminando il panico. Anche i tiratori scelti non riuscivano ad abbatterli, e le loro azioni minavano il morale delle truppe avversarie. Otto si prese così la sua rivincita. Un documento, ancora al vaglio degli esperti, racconta che sia stato il gruppo degli Imprendibili, scampati miracolosamente alla ritirata di Russia e cambiati i connotati, a preparare e a far vincere il nostro Livio Berruti nelle Olimpiadi del 1960.

Ai giorni nostri rimane ben poco della formula di Otto von Fürstenberg e, purtroppo, sino a ora nessuno è riuscito a completarla. Il frammento è il seguente:

$$p = \sqrt{\frac{p}{\mu}\,\frac{2p}{w}\,\frac{T}{m}\,\alpha_1} \;\ldots$$

$$\ldots\quad VO^2max = \sqrt{\frac{p}{\mu}}\left[-cosO^2\,\frac{T}{NC^2}\alpha + \frac{(1+a)\,\sin L + g}{O^2}\right] - \frac{p}{2}\;\ldots$$

$$\ldots\quad f(\omega) = \int_{-\infty}^{\infty} f(x)_e \cdot (-2\pi^2)\,dx$$

Alle falde del Kilimangiaro

Kilimangiaro. Questa parola evoca molte immagini: savana, animali selvaggi, caldo, una cima solitaria e innevata, un'aria fine e rarefatta, una coltre di nubi che circonda la vetta. Nell'affrontare questa montagna ho scoperto che c'è molto di più.

L'idea parte da Nico (Valsesia) che, nel programma From02 (salire le cime più alte dei vari continenti partendo dal mare in bicicletta per poi affrontare l'ultima parte di salita a piedi), propone il Kilimangiaro: la cima più alta d'Africa: 5895 metri.

Mi viene subito in mente la canzone di Vianello: *I Watussi.* Ci sarà veramente una tribù di neri alti due metri? Saranno proprio alle falde del Kilimangiaro? Se sono così alti, rideranno di me pensando che sono un pigmeo bianco? Credo e spero di no. Sicuramente è una canzone totalmente di fantasia... o no?

La base di partenza è Moshi, una cittadina molto vivace ai piedi del Kilimangiaro.

Qui, il nostro gruppo si divide. Una parte di noi farà assistenza a Nico, che partirà in bicicletta da Tanga, città balneare a circa 400 chilometri da Moshi, per arrivare all'ingresso del parco del Kilimangiaro, lasciare la bicicletta e continuare a piedi sino alla cima. L'altra parte del gruppo, formata da me, Dino, Luca e Gabriele, salirà «lentamente» verso la cima. Se tutto va secondo i piani, intercetteremo Nico nei pressi della vetta. Non abbiamo radio o altri mezzi per comunicare con lui. La strategia è così raffinata che le probabilità di incontrarlo rasentano le percentuali della crescita del nostro PIL... attorno all'uno per cento.

Ci sono più vie per raggiungere la cima: noi scegliamo quella senza rifugi. Si dorme in tende che vengono montate dai portatori ogni giorno... e ogni giorno, ma soprattutto ogni notte, si impadronisce di me un pensiero: «Ma alla tua età ti sembra il caso di dormire per terra, al gelo, in un tendino che ha visto la Prima guerra mondiale, a 4000 metri?!». Già quando ero ragazzo trovavo troppo scomodo dormire in tenda al mare: che motivazione può aver spinto un mite uomo di pianura a questa scelta scellerata?

Ma, come dice il saggio Tex Willer: «Le intenzioni, spesso, fanno a pugni con le circostanze». Così mi ritrovo anche a mettere delle bottiglie di acqua calda (tipo boule) nel sacco a pelo per scaldarmi e mi aggiro tra le rocce, spiato da corvi grandi come tacchini, per espletare i bisogni corporali. Fortunatamente non ci sono i Watussi. I portatori sono nella norma e ben al di sotto di poter parlare nelle orecchie delle giraffe.

Dopo il primo campo (2850 metri in foresta sotto la pioggia) il secondo (3900 metri, un freddo che ghiaccia anche l'acqua in tenda) e il terzo (4000 metri), sembro mio nonno quando è tornato dalla ritirata di Russia.

Anche le guide faticano a riconoscermi e da quel momento mi chiamano *babu*, nonno. Una mattina uno addirittura mi scambia per la versione ridotta dello yeti.

Il quarto giorno ci accampiamo a 4700 metri, come fossimo in cima al Monte Bianco.

Alle 5 del mattino riusciamo a comunicare col resto del gruppo. Ci informano che Nico è arrivato al gate del parco alle 4. È appena ripartito. Alle 6 partiamo anche noi. Chissà se riusciremo a incontrarci in vetta.

Il sole sorge e a quell'altezza lo spettacolo della montagna è magnifico. Sotto di noi, a circa 3000 metri, le nuvole circondano il Kilimangiaro. Siamo come sospesi, come quando guardi fuori dal finestrino di un aereo. Le nostre guide continuano a ripetere: «Pole Pole». Piano piano. In realtà non ce n'è bisogno; a 5000 metri, su una salita che ti devi ribaltare per guardare in alto, non hai certo l'energia per metterti a correre.

E piano piano arriviamo a Stella Point, 5800 metri, la prima cima del cratere. Costeggiandolo si arriva alla vetta «vera».

Ho un dolore proprio in mezzo alle scapole. So che è un problema muscolare causato dallo zaino, ma... se fosse l'avvisaglia di un infarto? Chi potrebbe salvarmi e riportare il mio corpicino vivo nella mia amata pianura? Questo pensiero (incredibile come i pensieri possano condizionarti) fa sì che ci metto mezz'ora a percorrere 700 metri, nonostante gli incitamenti delicati di Dino: «Dai!! Testa di rapa. Vuoi farci stare qui tutta la vita? Pappamolla cacasotto!!». Quell'uomo trova sempre le parole giuste, e non solo: quando Luca accusa una stanchezza esagerata, Dino gli dà un gel sospetto che, un minuto dopo averlo preso, lo trasforma in uno sherpa himalayano. Non ho il coraggio di assumere quella sostanza.

Siamo in cima. Quasi 6000 metri. Scattiamo le foto di rito e scrutiamo l'altra via nella speranza di vedere Nico salire. Purtroppo non siamo veloci come lui e, non vedendolo, siamo costretti a ritornare. Scopriremo in seguito che ha raggiunto la vetta un'ora dopo la nostra partenza.

26 ore. Dall'oceano alla cima. Una grande prestazione. Insuperabile.

Dal cratere, guardando in basso, a circa 5000 metri di altitudine, vediamo che hanno disegnato un campo da calcio. Vogliono giocare la partita più alta al mondo. Chissà chi si cimenterà.

Siamo un po' provati, ma molto contenti della bella avventura. Non voglio vedere una tenda per i prossimi dieci anni.

Abbiamo ancora tre giorni a disposizione e li useremo per visitare i bellissimi parchi della Tanzania. In comodi alberghi? No! Il resto del gruppo ha deciso di aggiungere un po' di spensieratezza al viaggio: si dormirà in campeggio. (Spero che un elefante schiacci le loro tende.)

Il muro del maratoneta e la Muraglia Cinese

Potevo solo dare la colpa a me stesso. Me l'ero cercata.

Avevo accettato di partecipare alla trasmissione *Oltre il limite*, che prevedeva di correre 5 maratone (diventate per fortuna 3 maratone e 2 mezze) nell'arco di un paio di mesi.

Avevo già corso la maratona di Roma con Jennipher, la Stramilano con Vittoriano, poi c'era stata la maratona di Vancouver con Marina e mi aspettava ancora la mezza di Göteborg con Alex. Intanto stavo sudando al fianco di Giorgio Mastrota nella provincia cinese.

Siamo partiti in sette: Marco e Cristian (regista e cameraman), Martina, la presentatrice del programma, Giorgio e io. A controllare che tutto andasse secondo copione (nel vero senso della parola) c'erano Francesco, l'autore, e soprattutto Trilli, un'incredibile ragazza della produzione in grado di far apparire l'acqua nel deserto.

Da Milano, via Parigi, volando in business, abbiamo fatto un balzo indietro negli anni Settanta e siamo atterrati a Beijing, dove ci attendeva la guida locale e un pullmino azzurro stile Famiglia Bradford (per chi se la ricorda). Evitata la città (dove saremmo tornati dopo la maratona), avevamo intrapreso un lungo trasferimento attraverso le province fino alla Grande Muraglia che Giorgio e io, ancora rincoglioniti dal jet lag, abbiamo subito voluto esplorare mentre gli altri, più prosaicamente, cercavano l'hotel e il letto.

A quanto pare, il comodo alloggio ai piedi della Grande Muraglia che ci era stato suggerito era una specie di colonia estiva, con camerate sprovviste di bagno, salvo qualche turca con uso doccia che avremmo dovuto condividere. Per fortuna c'era Trilli a prendere in mano la situazione, a trovare due taxi (il pullmino ci aveva abbandonato al nostro destino) e soprattutto a individuare uno dei più begli hotel in cui ho dormito nella mia vita.

Il giorno prima della corsa Giorgio e io provammo a organizzare un tour. Chiedemmo all'hotel di trovarci un tassista che potesse stare con noi l'intera giornata, e la mattina dopo uno spilungone di quasi due metri ci aspettava sorridente fuori dalla hall. Dopo una breve presentazione, l'uomo dell'albergo se ne andò con altri clienti, lasciandoci al Google Translator del telefono dell'autista: lui parlava al telefono in cinese e Google traduceva in inglese, noi rispondevamo in inglese e Google traduceva in cinese. Dopo un po', mettendo in dubbio la tecnologia, da bravi italiani preferimmo usare la mimica, suscitando grande ilarità ma – di fatto – accelerando non poco la conversazione.

In un tempio buddhista (davvero bello), grazie al bibliotecario che parlava inglese e perciò immediatamente destinato a farci da guida, facemmo la conoscenza di alcune divinità minori rappresentate in statue incredibilmente efficaci, scoprendo che era possibile invocare su di noi la buona sorte facendo risuonare campane votive con delle monetine. Una specie di tirassegno beneaugurale. Cinque centri di seguito significavano grande fortuna... va da sé che le monetine restavano come offerta. Ci fermammo in meditazione davanti a una statua lignea del Buddha alta almeno dieci metri risalente, se ricordo bene, a prima dell'anno Mille. Insomma, la Cina non ha proprio nulla da invidiare alla storia millenaria dell'Europa.

Intanto l'autista, che ci aveva aspettato fuori, aveva preso dimestichezza con Google Translator, così ci lanciammo in una lunga e complessa conversazione che andava dalle norme di buona educazione per gli sputi (non si sputa per terra, solo nei tombini e nei cestini dell'immondizia) all'improbabile moda locale (avevamo incrociato una coppia di signore con delle tute leopardate firmate Cucci che intervistammo in italiano ricevendo risate e risposte in cinese).

Nel frattempo era giunta l'ora del pranzo. Ci facemmo accompagnare in un ristorante specificando che cercavamo qualcosa di non turistico. E venimmo accontentati. Entrando nel locale tutte le conversazioni si fermarono e gli sguardi degli avventori si concentrarono su di noi. Nonostante Jixian sia una città turistica, è rarissimo incontrare degli occidentali, così il nostro amico tassista raccontava a tutti che eravamo star della televisione italiana.

Ordinare non fu facile. Io misi le mani avanti specificando di essere vegetariano e Giorgio, dopo aver notato delle strane zampe d'anatra in brodo su un tavolo all'ingresso, si affrettò a dichiarare che anche lui non mangiava carne. Ben presto ai camerieri che ci stavano proponendo il cibo si aggiunsero tutti gli altri clienti che suggerivano piatti o semplicemente cercavano di aiutare nella traduzione. Facemmo amicizia con gli altri avventori, persino con un gruppo di anziani che giocavano a carte e da cui cercammo di farci spiegare le regole della briscola cinese.

Trascorremmo il pomeriggio sulla spiaggia del lago Yuqiao con il nostro amico autista. Poi, dato che l'indomani era il giorno della maratona e il dovere ci chiamava, tornammo in albergo.

Dovevamo alzarci all'alba: l'ora della partenza era stata fissata molto presto per evitare il caldo. Nonostante fosse maggio, verso mezzogiorno si raggiungevano temperature elevate e gli organizzatori della corsa volevano evitare che ci surriscaldassimo. L'effetto pratico, però, fu il contrario: nel cortile dell'antico palazzo da cui dovevamo partire il

sole non si vedeva ancora e il freddo la faceva da padrone (obbligandoci, tra l'altro, a continue puntate nelle toilette).
Così l'avventura ebbe inizio.

La maratona della Grande Muraglia percorre un breve pezzo del celebre muro costruito dai cinesi per proteggersi dalle orde mongoliche. Si parte da una cittadina situata a un paio di chilometri dall'ingresso ufficiale al tratto di Muraglia che avremmo percorso; dopo un piccolo giro di lancio si sale e intorno al quinto chilometro, ancora con l'emozione a mille, si passa il grande portone e si affronta la prima scalinata che porta sulle mura. Da lì ci sono circa 5 chilometri di camminamento, con ripide salite (a volte su scala) e altrettanto ripide discese, infine un tratturo sterrato chiamato il «sentiero delle capre» – non perché sia percorso dai simpatici ovini ma in quanto è più adatto a loro che a noi bipedi – che scende a picco nella cittadina di partenza.

Le tipologie di persone che partecipano a questa gara sono molto varie. Dal gruppo aziendale cinese che vuole fare team building (e partecipa alla mezza maratona) agli atleti di tutte le nazionalità che vivono in Cina e vogliono cogliere l'occasione per una grande avventura da raccontare agli amici. Si sentivano parlare davvero tutte le lingue... compreso l'italiano, tanto che Giorgio è stato coinvolto nel classico «facciamoci un selfie».

Finalmente si parte. Serpentone colorato e poi via in discesa verso l'imbocco della strada che ci avrebbe portato alla Muraglia.

Passato per la prima volta (ci saremmo ritornati dopo il 30esimo chilometro) il tratto sulla Grande Muraglia, iniziamo il vero viaggio, quello nella Cina rurale. Fatto di negozietti ai lati della strada dove trovi la carne o le verdure, fatto di interminabili processioni di bambini all'uscita da scuola, fatto di biciclette e di automobili vecchissime con scappamenti scoppiettanti e fumosi. Corriamo tranquilli.

Io ho la telecamera legata al petto per immortalare le scene nel primo tratto, quello sulla Muraglia, dove la troupe non può seguirci in moto. Giorgio ride e spara una battuta dietro l'altra a beneficio del pubblico televisivo e degli ignari turisti, che si spostano a lato per farci passare.

Il pubblico, se così lo si può definire, è presente su buona parte del percorso. Ma i più sono esterrefatti: «Decine di persone in scarpette e canotta che corrono a bordo strada? Ma sono pazzi?». Poi si rendono conto che la maggior parte di noi è occidentale e questo – in qualche modo – per loro spiega tutto.

Poco dopo la mezza, un'altra salita ci porta a un lago che è un'attrazione turistica del luogo.

Teoricamente, tra Giorgio e me, dovrei essere io quello in forma. Per Giorgio è la prima maratona, per me l'ennesima. Ma lui si è preparato accuratamente, io invece ho corso un sacco di chilometri nelle ultime settimane. E la fatica inizia a presentare il conto.

«Come va, Franz?» Giorgio è un fantastico compagno di viaggio. Non mi riferisco tanto al «viaggio» della maratona, ma soprattutto all'intera settimana che stiamo passando in un Paese davvero lontano da qualsiasi altro posto io sia stato.

«Bene, bene. Vai pure avanti al tuo passo che ti raggiungo...»

Avete mai riflettuto su quanto dannosa sia la parola «bene» usata in questo modo?

«Come stai?» «Bene. Come al solito.» Invece non è vero. Serve solo a nascondere una situazione di scontento o di difficoltà.

Noi maratoneti siamo talmente abituati a superare le crisi che spesso l'unica cosa che conta è andare avanti. Non importa come... basta arrivare in fondo.

«Come va?» «Bene... bene...»

Ci sono persone che confondono la resilienza con l'incoscienza. Ma chi corre da un po' di tempo ha imparato dall'esperienza a distinguere. Le crisi non sono tutte uguali, alcune si superano stringendo i denti, altre sono un segnale che è giunto il momento di fermarsi e riposare.

Troppo spesso il concetto di resilienza portato all'estremo diventa la scusa perfetta per non fare le cose, per non reagire. Sono talmente concentrato nel resistere che non individuo la nuova strategia. Ovviamente qui sono uscito dalla corsa e sto parlando della vita.

Non mi piace il lavoro? Resisto e tiro dritto, senza neppure provare a trovare un'alternativa.

La storia con il partner non mi soddisfa? Resisto e penso che passerà, e intanto il rapporto si deteriora.

Ho un piccolo dolore al ginocchio ogni volta che corro per 30 minuti? Resisto e non vado dal dottore... prima o poi passerà. E poi mi trovo a non poter più correre.

D'altronde lo dice chiaramente la regola n° 19...

«Allora, Franz, a cosa stai pensando?»

«Arrivo, Giorgio, bevo un po' d'acqua e sono da te.»

La strada sta spianando. Dopo aver attraversato un paesino ed esserci fermati a bere al ristoro, iniziamo la discesa.

Quanto parliamo quel giorno! Forse siamo diventati amici proprio lì, tra il chilometro 20 e il 30 di una maratona nella campagna cinese.

È davvero incredibile come, mentre si fatica assieme, gli schermi protettivi di cui ci avvolgiamo nella vita di ogni giorno si abbassino. Alcune delle mie amicizie più profonde sono nate proprio condividendo le corse di lunga distanza.

Fatto sta che, rientrando verso il paese e il «sentiero delle capre» (che dovremo ripercorrere in salita), mentre il cameraman sulla moto ci precede di alcune centinaia di metri per evitare di farci respirare la polvere, i nostri ruoli si invertono e io (che teoricamente dovrei «accompagnare» Giorgio verso il traguardo della sua prima maratona) vengo accompagnato e rincuorato da Giorgio fino all'inizio della salita.

Ma le crisi, si sa, vanno e vengono. Nella maratona di certo, e spesso nella vita. Arrivati alla Grande Muraglia iniziamo di buon passo la salita.

Il famigerato «sentiero delle capre» è un viottolo sterrato, dove si cammina in fila indiana e dove spesso ci sono dei gradini per aiutare a superare i pezzi più erti.

La maratona sta mietendo le sue prime vittime. Troviamo un ragazzo che vomita a bordo strada. Altri siedono sconsolati cercando di raccogliere le ultime energie. Noi saliamo veloci e, giunti alla fine dello sterrato, ci mettiamo di nuovo a correre.

Gli ultimi chilometri sono immortalati dalla telecamera. La commozione di Giorgio e la dedica speciale di quell'impresa. Le ultime falcate prima di indossare la meritata medaglia. Le interviste di fine gara, con la bottiglia di birra in mano...

La sera festeggiamo nel ristorante dell'albergo e il giorno dopo partiamo alla volta di Pechino. Una città grandiosa, attraversata dalla Chang'an Avenue, un viale a otto corsie lungo 46 chilometri. Popolata da milioni di persone che, pur non parlando inglese, sono in tutto e per tutto assimilabili ai cittadini delle grandi metropoli occidentali. Veloci, chiusi nel loro bozzolo di indifferenza. Completamente diversi dal popolo cinese che ho imparato ad apprezzare intorno alla Grande Muraglia. Persone semplici, che prendono il fresco con la maglietta sollevata sulla pancia. Bambini con gli occhi che ridono e che si sfidano a chi di loro ci fa meglio il verso. Donne che guidano motorini con borse giganti della spesa e due bambini piccoli sul sedile con loro. Commesse del supermercato che ridono ai miei goffi tentativi di acquistare un dentifricio e che, una volta interpretato correttamente il mio strofinarmi un dito sui denti, mi accompagnano trionfanti in gruppo nel corridoio giusto.

Torniamo a Milano il martedì, e il venerdì successivo mi imbarco per Göteborg... ma questa è un'altra storia.

Storie di uomini dimenticati: João Da Rua

Il primo integratore

João Da Rua, naturopata brasiliano degli anni Cinquanta vissuto nella regione del Paraíba, dopo anni di esperimenti su se stesso e sugli abitanti del suo villaggio ideò un prodotto che, se mangiato regolarmente, procurava una energia infinita.

Si può affermare, senza alcun dubbio, che João sia il precursore degli integratori naturali. È stato il primo che ha sostenuto l'importanza di una miscela di sostanze per supportare e migliorare le prestazioni fisiche e combattere la fatica.

Giovane botanico autodidatta, si interessò all'uso delle erbe medicinali e non, che abbondano nel suo ambiente tropicale. Visse per cinque anni in una foresta come allievo di uno sciamano chiamato Pepiño, venerato dalla popolazione locale, ma di dubbia moralità. C'è da dire che lo sciamano Pepiño si nutriva solo di alcuni tipi di bacche e di un fungo allucinogeno che lo portava in uno stato di trance svelandogli la sua vera natura, che non era cristallina. Pepiño infatti era donnaiolo, sporcaccione, bugiardo, approfittatore, onanista, attaccabrighe... insomma: era difficile trovargli una virtù.

Al suo ritorno João, nonostante questo cattivo maestro, sperimentò le sue nuove conoscenze. Mischiando le bacche dello sciamano, il suo fungo, zucchero di canna, nuove erbe misteriose (compreso un peperoncino che stenderebbe solo all'olfatto anche il più ardito dei nostri calabresi) e un po' dell'arroganza di Pepiño, il nostro «fitosciamologo» (come lui amava farsi chiamare) creò un croccante altamente energetico e digeribile che spopolò tra gli atleti brasiliani.

Per onor di cronaca bisogna ricordare che nel primo anno di tentativi per la messa a punto della miscela, la gente del suo villaggio venne decimata da diarree devastanti, stati di allucinazione collettiva e ustioni all'apparato digerente, ma, si sa, il genio e la sperimentazione non vanno quasi mai a colpo sicuro.

Questa barretta, che João chiamò «VitaminP» in ricordo del suo maestro, ebbe un notevole successo nel giro degli europei che visitavano il Paraíba, anche se ne fecero un uso diverso.

Causa la difficoltà di comprensione delle sfumature della lingua e l'opportunismo di falsi maestri, la utilizzarono come purgante-allucinogeno, perché ti devastava l'intestino dandoti allucinazioni estatiche. Si sa, i bianchi sono sempre stati attratti dalle miscele esotiche... e dai cattivi maestri. Lo storico brasiliano Andrés del Maragnao definì questa barretta in modo caustico: «VitaminP: cagata col sorriso».

João Da Rua, distrutto dall'uso sconsiderato della sua grande invenzione, si ritirò nella foresta e, come atto di protesta estrema, si suicidò ingerendo 9 kg di barrette VitaminP... Immaginatevi come lo trovarono.

Meglio le gite

Quando l'età fa scricchiolare le giunture e accorciare il passo, può essere interessante ed efficace cambiare prospettiva mentale. Si tratta di acquisire un meccanismo psicologico che inganni il corpo e la mente e ti fa fare performance che altrimenti non potresti ottenere.

Questo meccanismo viene spesso utilizzato involontariamente per sfuggire alla dura realtà, tipo: «Pensavo fosse più lontano» (in realtà sono sei ore che cammini e ne mancano altre sei). Oppure: «Non preoccupatevi, non mi sono fatto niente» (hai tre fratture e non riconosci neanche tua mamma). O anche: «Se è uscito per tre volte il rosso, uscirà sicuramente il nero» (chiaramente esce il rosso e sei rovinato). Come si può intuire, non sempre l'inganno mentale porta a risultati concreti, ma nel caso della corsa ho elaborato una strategia vincente.

Quando mi propongono gare al di fuori della mia portata, fingo di andare in gita. Preparo dei panini, barrette di cioccolato, thermos col tè, coltellino svizzero, maglia e calze di ricambio, e, con uno zaino di quindici chili, parto magari per la Lavaredo Ultra Trail (120 chilometri sulle Dolomiti con quasi 6000 metri di dislivello).

Per imparare questa tecnica ci vuole però molto lavoro. Per prima cosa bisogna meditare e calmare la mente.

Poi bisogna immaginare di essere altrove evocando luoghi piacevoli. Infine si comincia a muoversi tenendo nella mente quelle immagini. Quando tutto ciò diventa naturale – ci vogliono mesi di pratica – si compiono delle azioni faticose fingendo leggerezza, tipo spostare i mobili di casa pensando di giocare a Lego. Se funziona, siete pronti per il grande passo, altrimenti siete dall'osteopata con il colpo della strega.

Ed ecco che arriva l'occasione che aspettavi. Ti propongono una 100 chilometri no stop in autosufficienza sui monti del Gennargentu. Già sul traghetto che ti porta in Sardegna comincia il tuo training, che deve continuare durante la notte che precede la gara. Alla partenza, mentre tutti gli altri partecipanti sono concentrati e tesi, tu hai l'atteggiamento di uno che va a funghi.

Funziona tutto sino a metà della notte, quando, causa la stanchezza e il freddo, perdi un po' di concentrazione, non riesci più a controllare la mente, la lucidità prende il sopravvento e ti accorgi di quello che stai realmente facendo: una grandissima cazzata!

Il panico ti assale. Piangi, urli, cerchi di richiamare tutte le tue risorse per tornare a sorridere e convincerti che è solo una bella gita al chiaro di luna, ma la lotta è durissima. Già in condizioni normali è molto difficile controllare la mente, figurarsi in un momento di grande stress. Ti metti nella posizione del loto per concentrarti meglio e calmarti, ma ti si congelano le gambe. Ti alzi, ti frizioni un po' e assumi la posizione della gru, che fa scorrere meglio l'energia... Dopo un po' non riesci nemmeno a distendere la gamba piegata.

Ti trovano così: in equilibrio su una gamba sola e con un sorriso ebete sulle labbra. Chiaramente pensano che tu sia rincretinito, e in effetti ci vanno molto vicino. Mentre ti portano a valle, facendoti bere una mezza bottiglia di «filu e ferru» per tirarti su, alterni momenti di lucidità a momenti di controllo mentale in cui insulti gli organizzatori per il pessimo modo in cui gestiscono queste gite, soprattutto il beveraggio.

Quando torni a casa affini la tua tecnica seguendo un corso on line di un santone himalayano, tale Madhyagadarwa, scoprendo, poco dopo aver saldato il conto, essere un seguace del mago Otelma. Incredibilmente però i suoi esercizi appresi sul web portano a dei risultati concreti.

Arriva così il giorno di un'altra gara a cui ti sei prontamente iscritto: la 17 colli dei Carpazi. Parti già in semitrance col tuo bello zaino, il bastone da passeggio e un bel sorriso imbarazzante, precursore di sventure.

Fortunatamente la voce sulla tua bizzarria si è sparsa tra gli organizzatori di ultra trail e la tua foto è appesa in tutti i loro uffici. Appena vedono che ti presenti a una di queste gare, ti fanno accompagnare da uno psicologo...

Be', meglio le gite vere.

A scatola chiusa

Non so voi, ma se volete fregare me basta che troviate un bel nome, un bel titolo, e io compero a scatola chiusa.

Così è stato anche per Otto per Quattro.

Stavo bevendo una birra. Quando ho abbassato il boccale ho notato che Gianluca e Fabio mi guardavano dritto in faccia.

«Cos'ho? La schiuma sui baffi?» ho chiesto ignaro.

«No, Franz, abbiamo una grande idea da proporti» mi ha risposto Gianluca, e subito Fabio ha rincarato: «Che ne dici di fare Otto per Quattro?».

Nonostante avessi passato la terza media (la birra intendo, non la classe), ho capito subito che la risposta giusta non era «Trentadue!», ma che avrei dovuto indagare meglio.

Il progetto era di tornare nell'altopiano dell'Atlante, in Marocco, fermarsi in un rifugio alla base del Toubkal (la montagna più alta dell'Africa Settentrionale), dove avevamo già partecipato a un trail, e compiere, senza soluzione di continuità, una lunga concatenazione di cime superiori ai 4mila metri.

«Giovanni è d'accordo» mi hanno detto il gatto e la volpe (poi avrei scoperto che anche a lui avevano millantato la mia adesione totale), «si tratta solo di formare la crew.»

Io questi neologismi anglofoni non è che li sopporto tanto, ma se c'è da fare una bella trasferta voglio poter dire la mia su chi è della partita. Quindi, dopo innumerevoli serate di discussione (e un capitale speso in pizza + birra), abbiamo composto il *dream team.*

Nove membri (tre per tre, altro che otto per quattro), che rappresentavano le più diverse età, abilità alpinistica, preparazione sportiva e attitudine. Il fattore comune: una grande passione per viaggiare e visitare posti nuovi.

A Fabio e Gianluca abbiamo lasciato il compito di organizzare la parte escursionistica, ma si sono aggiudicati in sovrapprezzo anche la parte documentaristica, essendo Fabio il Top Gun dei droni della Brianza e Gianluca Mr. Selfie.

Ad Annita e Daniela, invece, abbiamo affidato l'organizzazione delle visite nella città e la gestione delle guide turistiche.

Mirco e Carolina avevano il difficile compito degli approvvigionamenti di cibo (il primo fungeva anche da assaggiatore ufficiale).

Il Buzz aveva millantato una conoscenza assoluta delle lingue straniere, non solo l'inglese, ma anche il francese e rudimenti di arabo, e per questo motivo era stato incluso nel team. Abbiamo poi scoperto che parla un inglese simile a quello del film *Totò, Peppino e la... malafemmina,* nella celebre scena girata in piazza Duomo, mentre di francese sa solo dire: «Mademoiselle, voulez-vous coucher avec moi ce soir?», e di arabo conosce solo la parola «Inschallah».

Infine a me e Giovanni è stato affidato il compito di umili narratori degli eventi e siamo qui a raccontare (en passant io ho ereditato anche la mansione del Buzz: logistica e rapporto con la popolazione).

Organizzati da Gianluca e Fabio come una vera spedizione alpinistica, invece che fare tappa a Marrakech, come suggerito prudentemente da Giovanni, puntiamo subito alla meta. Appena atterrati, saliamo sui due taxi che avevo prenotato da Milano e via verso Imlil. Questa cittadina è il punto di partenza per la maggior parte delle visite nel parco del Toubkal, sia d'estate – come nel nostro caso – sia d'inverno, quando tutte queste valli sono meta di spedizioni sci-alpinistiche.

Dopo aver preso possesso delle stanze e mangiato qualcosa, abbiamo passato il pomeriggio girovagando nelle due strade principali del paese e poi a letto presto, pronti per l'avventura. Fabio, da bravo capospedizione, invece ha preferito partire il pomeriggio stesso per salire in avanscoperta e verificare la fattibilità della nostra «impresa».

Il mattino dopo iniziamo la trasferta verso il rifugio Les Mouflons, a quota 3207 metri sul livello del mare (considerando che Imlil è a 1800, si trattava di un 1400 D+). Fa caldo, ma il ritmo è tranquillo e, tra una chiacchiera e un ricordo della nostra precedente visita della zona, arriviamo presto a metà strada, dove ci fermiamo a bere una spremuta d'arancia.

Gianluca e Buzz, i nostri mercanti, decidono di fare acquisti. Dopo estenuanti trattative, che continuerebbero se i negozianti non facessero capire loro che noi li stavamo abbandonando, ci raggiungono portando dei minerali il primo e una di quelle fasce che i tuareg si avvolgono attorno alla testa a formare il turbante, il secondo.

Nelle due ore successive siamo messi a dura prova dal sole che picchia inesorabile e riverbera sulle rocce. La vallata è solcata da un ruscelletto che si è scavato il suo alveo nel corso di migliaia d'anni e che bagna appena un metro o poco più di terreno intorno. Così le uniche piante verdi crescono nei pressi del corso d'acqua, mentre il sentiero che sale a mezza costa è circondato da cardi e piante spinose tipiche dell'ambiente desertico.

Finalmente la vallata si apre e il sentiero si appiana, mentre il paesaggio si fa più verde in una specie di altopiano al cui centro si può ammirare la struttura in muratura del rifugio Les Mouflons, davanti alla cui porta ci aspetta Fabio con un enigmatico sorriso sotto i baffi.

A metà strada tra Imlil e la vetta, la costruzione offre un riparo sicuro e un servizio da Grand Hotel: camerate da 4 a 8 letti, alcune camere doppie, bagni in comune e un'unica sala docce con poca acqua calda.

Ci ristoriamo all'ombra della costruzione, attendendo l'arrivo del Buzz che, avendo sudato come al suo solito svariate decine di litri, ha intriso completamente il nuovo turbante, il cui splendido color cobalto si è trasferito sulla pelata, sul viso e financo sulla maglietta del nostro amico, trasformandolo in un incrocio tra il vecchio Fantômas e il moderno Shrek.

Pranziamo al volo con un pasto tipico marocchino (spaghetti al pomodoro e insalata), sistemiamo le nostre cose e partiamo all'esplorazione dei dintorni.

L'idea originale (maturata a Milano) era quella di dividerci in due gruppi, il primo sarebbe partito prima dell'alba, avrebbe salito quattro 4mila e sarebbe ritornato verso il rifugio, dove avrebbe incrociato il secondo gruppo per salire insieme i restanti 4mila.

In realtà Fabio, nella sua esplorazione preventiva, aveva riscontrato che non esiste un sentiero per raccordare le varie vette e che quindi sarebbe stato necessario affrontare un tratto alpinistico per il quale non eravamo preparati. Ecco spiegato quel sorrisetto... A questo si aggiunga che ogni pomeriggio si scatenano dei temporali che, se presi in parete, ci darebbero del filo da torcere...

Così, nel consiglio di guerra tenuto durante la cena, si decide di partire insieme e di puntare alla vetta principale del Toubkal. Quattro di noi si sarebbero staccati per fare le deviazioni necessarie a salire almeno le altre due vette minori.

Presa la decisione, ci ritiriamo nelle nostre stanze, ognuno in compagnia dei propri demoni (non mi riferisco tanto al timore per la salita quanto all'odore che sprigionava dagli zaini di alcuni).

Il mattino dopo la sala colazioni è immersa nel buio. I gestori avevano lasciato la tavola apparecchiata per tutti, ma Buzz e Fabio ci hanno preceduto e fatto scempio di ogni genere alimentare, lasciandoci solo qualche briciola di pane e un po' di marmellata sul fondo del barattolo.

In preda a una giusta ira e a un'inesauribile sete di vendetta, abbiamo approcciato la salita rincorrendo i due malfattori.

Poiché fa freddo, tutti vestiamo un pile e un guscio, ma già dai primi tornanti iniziamo a spogliarci, e appena sorge il sole, proprio mentre noi stiamo per infilarci nel canalone che porta alla parte principale della salita, la temperatura si alza rapidamente.

Nonostante ciò saliamo di buon passo, incrociando una comitiva internazionale (spagnoli e inglesi) che era partita durante la notte e stava già scendendo dopo aver atteso l'alba sulla vetta.

In lontananza vediamo il passo caracollante di Buzz, che abbiamo raggiunto nell'ultimo tratto prima del bivio tra il Jbel Toubkal e il primo dei 4mila che vogliamo raggiungere. Siamo sul Tizi n Toubkal Pass. Gianluca, Fabio, Giovanni e io prendiamo a destra per salire il Toubkal West (4030 metri), gli altri proseguono a sinistra verso la vetta principale.

Le cime del gruppo del Toubkal richiamano un po' alla memoria le pietrose salite della Grignetta (anche se mancano i picchi spettacolari), ma lo sguardo spazia lontano. Stiamo percorrendo un sentiero proprio in cresta e questo ci permette di osservare la vallata che abbiamo risalito da un lato, e i grandi spazi africani (con il deserto del Sahara in lontananza) dall'altro.

Raggiunta la cima del Toubkal West, ci fermiamo per le foto di rito e per un video di Giovanni, che uscendo da una roccia, si cimenta nel celebre monologo di Pdor, ma poi riprendiamo subito il sentiero per raggiungere i nostri amici e festeggiare assieme la conquista della vetta principale.

Al nostro arrivo, gli altri hanno preso già possesso dello

spazio: il Toubkal ha un treppiedi metallico che segnala la quota (4167 metri) e il punto esatto della vetta. È una delle mete escursionistiche più ambite, vuoi per la facilità tecnica del percorso, vuoi perché in Europa è difficile salire sopra i 3500 metri senza trovare la neve.

Anche lì ci fermiamo solo pochi minuti, il tempo di mangiare qualcosa e di ammirare il vasto panorama.

È strano come, raggiunto il punto più alto, ognuno di noi si sia ritagliato un paio di minuti per restare solo con se stesso (almeno questa è la mia sensazione) quasi a fissare nel ricordo il traguardo, pur sapendo che da lì a poco saremmo dovuti scendere per il versante nord, quello più scosceso, in modo da avvicinarci alla terza vetta.

Buzz, dando prova di sprezzo del pericolo, divide il suo pane con un piccolo gregge di capre che, attirate dai turisti, restano sempre in zona vetta a caccia di qualche leccornia. Una capra particolarmente interessata deve anche essere finita in un selfie dal roboante titolo «Sopra quota 4mila si combatte per la sopravvivenza con la fauna selvatica».

Ripresa la marcia, ci affacciamo al versante nord. Il sentiero sembra perdersi subito sotto, ma Fabio non esita un attimo e iniziamo a scendere. Il terreno è pietroso e ricorda i ghiaioni dolomitici, così i più baldanzosi incominciato a scendere a balzi mentre altri, più prudentemente, scelgono con attenzione dove appoggiare i piedi.

Dopo un centinaio di metri di dislivello possiamo calcare un deserto di roccia, macchiato qui e là da qualche arbusto e segnato dalle tracce degli ovini (ma cosa mangeranno qui in alto?). Un breve traverso in cresta ci porta all'attacco del terzo 4mila, l'Imouzer, che con i suoi 4010 metri è il più basso da salire.

Stessa formazione ridotta, stesso passo veloce verso la cima, ma questa volta l'ultimo passaggio è un po' più impegnativo e ci obbliga ad appoggiare le mani alla roccia per salire. L'ultimo sperone si affaccia proprio sulla vallata che avevamo percorso il giorno prima, solcata dal fiume e punteggiata da alcune case e dal villaggio dove avevamo sostato nel corso della salita. In fondo si scorge Imlil. Sembra di poterla toccare con una mano, invece è 2200 metri più in basso.

Senza far attendere i nostri compagni, riguadagniamo rapidamente il sentiero e ci avviamo verso il rifugio. Ma ci attende uno spettacolo davvero particolare.

Negli anni Sessanta un piccolo aereo si è schiantato su una delle tante cime che circondano il Toubkal e i suoi resti giacciono ancora sparsi lungo l'intera pietraia. Ci sono soprattutto porzioni di lamiera, ma individuiamo anche una parte del pannello con la strumentazione (ormai erano semplici buchi vuoti) e, per la gioia di Fabio, appassionato di meccanica e motociclismo, anche il carburatore.

La stanchezza inizia a prendere il sopravvento e la comitiva scende in silenzio. Finalmente, dopo una curva, individuiamo il fiume e, più in là, il rifugio, nostra meta.

La sera celebriamo l'impresa mangiando a quattro palmenti: verdure e pollo tajine, riso al forno, patate e del brodo che abbiamo tutti apprezzato.

La mattina dopo, alcuni di noi risentono della cena lucilliana. L'unico a essere ancora affamato è il solito Buzz che, al motto «Abbiamo bisogno di calcio!», ci stupisce tutti mangiando le uova sode complete di guscio.

La discesa vola, a Imlil ci attendono due auto che ci porteranno a Marrakech, dove concluderemo degnamente la vacanza godendo delle notti marocchine, della confusione dei mercati e dello splendore architettonico dei palazzi.

Storie di uomini dimenticati: Álfgrimür Ûlfkell Kjói

La visione periferica

A cavallo tra le due guerre, il fisiologo islandese Álfgrimür Ûlfkell Kjói si dedicò anima e corpo allo studio della vista negli animali volanti, soprattutto insetti. Fece molti esperimenti con mosche, cimici e vespe, che abbondavano nella fattoria dove viveva a Skaftárheppur.

Si concentrò in modo specifico sulla vista periferica. Era molto affascinato da suo cugino Sveitar Félagiõhor, tanto strabico che non lo si poteva sorprendere alle spalle.

Dopo tre anni di duro lavoro, di infruttuosi agguati a suo cugino e al sacrificio di 3749 mosche, 2891 cimici e 49 vespe (fu punto più volte rischiando la morte, quindi lasciò perdere questo insetto), mise a punto una serie di esercizi che consentirono di recuperare quasi totalmente la vista a miopi e presbiti. La sua tecnica consisteva nell'uso di cartoncini, da lui costruiti, che rappresentavano delle figure sfocate. Lui li spostava attorno al paziente che doveva, stando immobile, seguirle mettendo a fuoco il soggetto. Questo esercizio, che durava un'ora, doveva essere fatto giornalmente, per un mese e senza interruzioni.

I risultati, anche se i pazienti sostenevano che era una bella rottura di palle, erano sorprendenti.

Visto il successo, questa pratica fu adottata anche in campo sportivo. Ottennero risultati i giocatori di baseball, i tennisti, gli atleti di tiro a volo, di badminton e di tennis da tavolo.

Per l'atletica, Álfgrimür aggiunse un dettaglio che, nonostante lo scetticismo della comunità scientifica, aumentò le percentuali di miglioramento della vista periferica degli atleti: durante gli esercizi bisognava stringere le chiappe (confessò in punto di morte che quel particolare se l'era inventato solo per il suo divertimento).

Per questa sua scoperta fu proposto per il premio Nobel, e l'avrebbe vinto se il funzionario che doveva trascrivere il suo nome fosse stato più intraprendente. Il suo nome era troppo difficile e la macchina da scrivere in dotazione al funzionario non aveva le lettere accentate. Così, sconsideratamente, questo sciocco individuo attribuì di sua iniziativa il premio Nobel a Ernest Orlando, dalla grafia facile da scrivere, e Álfgrimür rimase senza onorificenza.

Nei giochi olimpici di Los Angeles del 1932 Álf ebbe una grande soddisfazione: gli atleti americani, che avevano lavorato duramente sul suo progetto, fecero man bassa di medaglie. Purtroppo anche in questa occasione il suo nome non venne menzionato (lo speaker tartagliava e non se la sentì di pronunciare quel nome difficile).

Nel 1943 Álfgrimür, frustrato dalle difficoltà lessicali, si fece cambiare il nome. Scelse Otto Stern, facile facile da pronunciare e scrivere in qualsiasi occasione. Infatti finalmente quello stesso anno gli venne attribuito il Nobel per la fisica. Il suo nuovo nome fu pronunciato e scritto perfettamente... ma lui non poté ritirare il premio perché sul passaporto aveva ancora il suo vecchio nome: Álfgrimür Ûlfkell Kjói.

Masai Mara: il paradiso degli animali

Siamo in Kenya, nel Masai Mara, un territorio selvaggio dove vivono i Masai, unico popolo al mondo che non caccia e non mangia gli animali selvaggi che vivono qui.

Hanno allestito un campo di tende tutto per noi sulle rive del Sand River, un corso d'acqua che cambia la sua portata a seconda delle stagioni.

Intorno a noi, savana e animali selvaggi.

È il periodo della migrazione degli gnu. Ci sono mandrie di migliaia di capi che si spostano verso pascoli più abbondanti. Di notte si sentono le risate delle iene, probabilmente amano raccontarsi barzellette, e un leopardo pattuglia la riva opposta al nostro campo. Ci avvisano di rimanere nel perimetro creato dalle tende, anche se non dovrebbero esserci pericoli, ci rassicurano raccontando di gente «assaggiata» dai vari predatori.

La sera, giovani maschi Masai si esibiscono nelle loro danze che culminano con incredibili balzi in alto. A piedi nudi, da fermi, fanno dei salti con le gambe tese che superano il metro. Sembra che abbiano delle molle ai piedi, nemmeno Icardi salta così in alto. Ci proviamo anche noi ma, al loro confronto, sembriamo dei chihuahua eccitati.

Ho proprio voglia di correre in mezzo a questa natura

selvaggia e decido di farlo girando attorno al campo, allargando un poco la circonferenza.

Da un lato c'è il fiume, per il resto il terreno è sabbioso, disseminato di cespugli vari, alcuni molto spinosi. Mi guardo ben bene attorno: in lontananza degli impala e un branco di gnu guadano il fiume, alcuni erbivori brucano solitari.

Rassicuro gli altri che rimarrò in vista e comincio a correre. Anche se sto all'erta – gli scatti dei felini sono insuperabili – mi godo questa corsa «selvaggia». Mi piace imitare gli animali e provo a saltellare come le gazzelle, poi cerco di trottare come gli gnu, o galoppare come le zebre. Faccio il passo agile del kudu, lo faccio male, ma tanto non lo conosce nessuno. Mentre mi esibisco nella corsa col culo basso della iena, scorgo due bufali in un boschetto.

I bufali sono molto pericolosi. Si alterano per niente e caricano. Sono gli animali che fanno più vittime in assoluto. Nel mentre mi accorgo di essere un po' lontano dal campo. Piano piano torno verso le tende ma i bufali si accorgono di me. Credo di essere a distanza di sicurezza, ma questi animali sono molto veloci e, se ti infili in una tenda al volo, non credo che si fermino. Anzi, di solito amano visitarle.

Cambio la mia andatura e trotterello come un bipede leggermente in apprensione. I bufali sbuffano, sembrano irritati dalla mia innocua presenza e cominciano a muoversi nella mia direzione. Cambio tattica, ho fatto il mimo e so come confonderli. Non abboccano. Strano, credevo di essere perfettamente mimetizzato nell'imitazione di un cespuglio spinoso rotolante.

Manca poco al campo, ma mi sembra disonorevole arrivare a tutta birra con dietro due bufali in carica.

Inizio a essere un po' preoccupato, ma fortunatamente si materializza dal nulla un Masai. Alto, fiero, con la sua lancia e la sua coperta scozzese che lo avvolge. Mi fa il cenno di continuare nell'imitazione del cespuglio rotolante – allora non era poi così male – mentre lui si ferma e fissa gli animali, che prima sbuffano poi, tranquillizzati e impauriti dalla sua presenza, ritornano sui loro zoccoli (sui loro passi mi sembra inappropriato).

Arrivo al campo accompagnato dal Masai. Gli altri non si sono accorti di niente. Come vorrei essere un Masai, con la sapienza di un uomo perfettamente integrato nel suo territorio selvaggio... certo, a Milano è tutta un'altra cosa: non puoi andare in giro con la lancia in mano, e se fissi lo sguardo troppo a lungo su qualcuno, ti manda a quel paese... che non abbiamo ancora scoperto qual è.

La volpe, l'uva e la Grande Mela

Se c'è una cosa che fa girare le palle ai runner è chieder loro: «Allora, hai corso a New York?».

È un po' come se tu non fossi un maratoneta se non hai mai partecipato alla più famosa e celebrata gara del mondo.

Il dialogo si svolge più o meno in questo modo.

«Ma davvero corri?»

«Sì, mi piace, lo faccio spesso.»

«Non riesco a capire come facciate! Io dopo cinque minuti sono già morto.»

«È una questione di ritmo, e poi anch'io faccio fatica per i primi minuti, poi rompi il fiato e puoi anche chiacchierare mentre ti alleni.»

«Dici? Rompere il fiato? Be', io preferisco altri sport, il calcio per esempio... Ma quindi tu corri tanto. E fai gare?»

«Sì, ogni tanto, ma non è che le gare mi interessino molto.»

«Domenica scorsa c'era la maratona a Milano.»

«Non era una maratona, era la DeeJay Ten. Si chiama così perché sono solo 10 chilometri invece che i 42,195 della maratona.»

«Cioè tutte le maratone sono così lunghe?»

«Sì, è una distanza fissa per regolamento, come i cento metri o i diecimila.»

«Hai mai corso una maratona?»

«Sì, più di una, sono tra le gare che preferisco.»
«Allora hai corso anche a New York?»
«...»

Ecco, più o meno questo è il tenore della conversazione. Va da sé che a chi – come il sottoscritto – di maratone ne aveva fatte tante ma non era mai stato a New York, un po' rodeva...

E poi c'è da considerare l'altro effetto, quello che io chiamo «effetto bestseller»: se tutti leggono quel libro o guardano quel film, probabilmente sarà una porcata che va di moda, e io, che mi considero «alternativo e controcorrente», non lo farò mai... la celebre storia della volpe e l'uva. Lo so, lo so, sono un vecchio snob, ma questo è ciò che ho sempre pensato fin dal lontano 2003, anno in cui ho corso la prima maratona.

Qualche anno fa, la mia strada si è incrociata con quella di un altro pazzo veneziano, tal Ippolito Alfieri, che era così innamorato dello sport in generale e della corsa in particolare, che aveva fondato una società che si proponeva come scopo quello di diffondere la pratica e la cultura sportiva. Questa società si chiama almostthere, e il nome deriva proprio dal classico incitamento degli americani alla New York Marathon («C'mon guys, You're almost there», «Forza ragazzi, ci siete quasi»). Io lo avrei interpretato per una presa in giro, visto che lo gridano fin dal primo chilometro, ma se ci riflettete bene è una grande verità. La maratona inizia quando si comincia a prepararla, e gli ultimi 42,195 km sono solo la ciliegina sulla torta.

Comunque a Ippolito questa cosa dell'«almost there» era piaciuta così tanto che ci aveva costruito sopra una società che, tra le altre cose, organizzava trasferte a New York. Non tanto e non solo per correre la maratona, ma proprio per vivere la città.

Così, un po' alla volta, l'idea si era insinuata dentro di me, fino a quando – nell'aprile del 2017 – mi è stato offerto da

Emergency di rappresentarli nella maratona della Grande Mela. C'erano quattro pettorali a disposizione, e si trattava di raccogliere fondi per l'attività di Emergency nel campo profughi di Arbat (Iraq). L'occasione fa l'uomo ladro, e io ho colto la palla al balzo... anche perché avevo bisogno di dare una raddrizzata alla mia vita.

Abbiate pazienza: qui devo aprire un'altra parentesi.

Sono profondamente convinto che il nostro atteggiamento mentale riesca a influenzare gli eventi della nostra vita. Un pensiero ottimista e positivo è foriero di opportunità da cogliere, un atteggiamento negativo e pessimista può indurre a vedere solo i problemi e non le opportunità che in essi si nascondono. È un circolo virtuoso (o vizioso per i depressi cronici): penso positivo, interpreto le cose che mi capitano come opportunità; ciò rinforza il mio pensiero positivo che a sua volta genera altre opportunità.

Un po' semplicistica come spiegazione, ma per quanto riguarda la mia vita è abbastanza vera.

Tornando ad aprile, ero in uno di quei momenti in cui cercavo a tutti i costi di trovare qualcosa che mi potesse indirizzare nuovamente in un filone positivo. Venivo da un periodo di difficoltà su molti fronti, tra i quali la corsa. Non facevo gare da quasi due anni, corricchiavo una volta o due a settimana, ma senza obiettivi e, di conseguenza, senza spingere.

La maratona di New York era lo stimolo ideale.

Mancavano poco più di sei mesi, e mi sono inventato il progetto «26 settimane per 26 miglia», ovvero allenarsi per 26 settimane (che equivalgono a sei mesi) per riuscire a correre le 26 miglia di una maratona (che equivalgono ai nostri 42 chilometri).

Il bello e il difficile di una maratona è proprio questo: tu la immagini come un'impresa epica che inizia verso le 8 di una domenica mattina e finisce circa quattro ore dopo, invece è un viaggio che parte sei mesi prima e che vede nella gara solo l'ultimo, brevissimo istante.

Mi ci sono messo di buzzo buono.

La prima settimana, alla quarta uscita, ho pensato: «Devo solo riuscire a togliere la ruggine dalle gambe».

La seconda settimana, alla terza uscita, ho deciso di allungare un po' e per la prima volta ho corso 10 chilometri di fila in un tempo ampiamente superiore all'ora.

La terza settimana, alla quarta uscita, ho pensato: «Oggi sto andando proprio bene: le gambe girano veloci e mi sembra di volare», poi ho guardato il gps e andavo a 6'10/km...

Dovevo fare qualcosa.

A Milano dicono: «Offelee, fa el tò mestee» (Pasticciere, fa' il tuo mestiere), che è un'esortazione a non imbarcarsi in attività di cui non si è esperti, e con questo messaggio in testa ho contattato Danilo Goffi, maratoneta di chiara fama, atleta olimpico, ancor oggi quinto miglior tempo italiano in maratona, ma soprattutto buon amico e compagno di squadra nella società per cui corro (almosthere, appunto).

Gli ho detto: «Danilo, qui non ne vengo fuori!», e lui mi ha invitato a unirmi al gruppo che stava preparando la maratona invernale (qualcuno Venezia, qualcuno Firenze e qualcuno New York) – un bellissimo gruppo di amici che avrebbe reso meno faticosi gli allenamenti – e ha iniziato a mandarmi settimanalmente un programma di lavori da eseguire.

La prima cosa che ho imparato (e che è anche diventata la regola n° 99) è che il primo motivo per non smettere mai di correre è che riprendere è incredibilmente faticoso.

La seconda cosa che ho imparato è che non basta correre tre volte alla settimana per restare in forma, bisogna correre spingendo il proprio corpo oltre il livello di comfort. Solo così si producono quei mutamenti permanenti che ti permettono di migliorare.

La terza cosa che ho imparato, ma solo sei mesi dopo, è che non basta avere la testa dura. Alla fine a vincere sono le gambe (regola n° 15).

I sei mesi di preparazione sono volati. Mentre lavoravo sugli allenamenti, mi sono anche messo a dieta. Alla fine avevo perso sei chili, corso oltre mille chilometri, ma i minuti al chilometro (soprattutto nei lunghi) continuavano a deludermi. Avrei voluto correre la maratona intorno alle 3 ore e 45. Le proiezioni davano sopra le 4 ore...

Si dice (e ne sono profondamente convinto) che la maratona è una gara che si corre soprattutto nei mesi che la precedono, il giorno X devi solo metterti sulla starting line, fare i tuoi 42 chilometri e non rovinare tutto. Io sono partito per New York con la consapevolezza di aver fatto tutto il possibile per preparare la gara. Adesso non dipendeva più da me.

La prima domenica di novembre 2017 sono sceso dal pullman che ci ha portato dall'albergo a Staten Island e mi sono messo in fila con gli altri per passare il controllo di polizia.

Non ti rendi conto di quanto il fenomeno del terrorismo abbia inquinato la nostra vita fino al momento in cui non ti tocca direttamente. In ogni grande manifestazione, dalla mezza maratona di Milano al concerto in piazza, gli organizzatori sono obbligati a tener conto del fatto che qualche coglione potrebbe decidere di tentare di fare una strage. A New York, ovviamente, il livello di allerta era massimo. Solo qualche giorno prima un pazzo aveva imboccato una ciclabile all'interno del parco sull'Hudson uccidendo otto persone e ferendone altre undici prima di essere ucciso dalla polizia. Ma la città aveva reagito in modo egregio. La gente, i tassisti, i commessi dei negozi, i camerieri al ristorante, tutti ti sorridevano quando riconoscevano in te le scarpette da running, la felpa di qualche altra gara e, soprattutto, lo sguardo ebete del runner che sta per coronare il suo sogno: partecipare alla maratona di New York.

Ma torniamo alla coda. Ci muoviamo lenti, quattro ore

prima della partenza, spinti da quelli che ci seguono e con i volontari e i poliziotti che ci dirigono ai nostri corral, i recinti prepartenza: sembra di essere in un vecchio western con cowboy e bestiame.

A New York la partenza è divisa in wave, in ondate, che partono ogni 20 minuti. Quando io mi sono schierato alla base del ponte di Verrazzano, i primi ormai stavano per passare la mezza maratona, ma l'entusiasmo dei volontari era immutato: inno americano, colpo di cannone e via.

Ecco, la cosa più particolare di questa gara è l'incredibile sbornia di entusiasmo che mi sono preso. Sono tutti entusiasti: i volontari, il pubblico e, ovviamente, i concorrenti.

Urla di incitamento dal primo all'ultimo metro.

Si attraversano i celebri «five boroughs», i cinque quartieri che formano la Grande Mela. È incredibile come ognuno di essi abbia delle caratteristiche architettoniche specifiche, sia abitato da un gruppo etnico specifico e tutto questo si ripercuota su di te che corri, accentuando la sensazione del «viaggio».

La maratona è una gara davvero bella, e non serve che io qui lo ripeta, si sono spese migliaia di parole su questo tema. Ma vorrei mettere l'accento su una particolare caratteristica: è una prova che viene compresa da tutti, runner e non.

Eugenio Montale ha scritto (o almeno così si dice, io non sono riuscito a scoprire da dove proviene la citazione): «Amo l'atletica perché è poesia. Se la notte sogno, sogno di essere un maratoneta». Questa frase la dice lunga su come le persone vivano questa gara che, prima di una sfida sportiva, è una sfida personale. Una sorta di banco di prova per dimostrare quanto vali. Vi trovate così persone che non hanno mai fatto una 10k su strada ma che stanno già programmando la loro prima maratona...

Quello che piace a noi podisti è che quando diciamo: «Ho corso una maratona», gli occhi di chi ti ascolta si illuminano. Sa che hai fatto qualcosa di speciale. Alla stessa persona provate a dire: «Ho fatto i 100 metri in 15 secondi» e vi degnerà solo di uno sguardo compassionevole... Cosa sono quindici secondi, paragonati al mito di Fidippide?

Sono arrivato provato a Central Park.

Provato dalle tante salite impegnative. Provato, certamente, dalla distanza (era un bel po' che non arrivavo ai 42,195). Provato anche dal fatto che il mio amico Alessandro Bertani (vicepresidente di Emergency) era partito nella wave successiva e mi aveva superato alla curva prima di entrare nel parco (20 minuti secchi recuperati...).

Ma quando senti odore di traguardo tutto sembra svanire. Ho corso felice l'ultimo chilometro. Ho attraversato la finish line tra due ali di folla (non il pubblico ma i volontari e i concorrenti). Ho indossato la medaglia, raggiunto Alessandro e fatto le foto di rito assieme.

Poi mi sono avviato verso l'albergo. Quattro chilometri a piedi, avvolto nel mio telo termico, circondato da gente che mi diceva: «Good job!», «Congrats, man!», «You did it!», ancora incredulo non della gara (era la mia trentacinquesima maratona) ma di essere in quella incredibile città.

L'hotel era proprio di fronte al Lincoln Centre, uno dei mille luoghi di New York che conosci anche senza esserci mai stato; ho attraversato l'atrio dell'albergo e ho trovato Ippolito, che mi attendeva con una birra in mano (tra le varie cose non bevevo birra da un mese intero).

«E allora Franz?»

«Che vuoi che ti dica, Ippo, avevi ragione tu. New York bisogna correrla per capirla.»

Storie di uomini dimenticati: Jackie Lee Chin

Gli oranghi

Negli anni Cinquanta il paleontologo cinese Jackie Lee Chin studiava i primati nella foresta del Borneo, soprattutto gli oranghi. Si trovava nella foresta da sette anni ed era il maggior esperto di quel periodo. Era affascinato dalla loro agilità e dall'incredibile «vicinanza» con gli umani.

Jackie era stato un velocista di livello. Forse a causa della solitudine forzata o delle condizioni dure della vita in foresta, gli venne un'idea bislacca. Se fosse riuscito a convincere almeno dieci atleti della nazionale cinese ad allenarsi con lui per apprendere alcune caratteristiche degli oranghi, avrebbe potuto battere il record dei 100 metri piani che in quel periodo era di 10.02.

Sfruttando gli indigeni del posto, trasformò una pista d'atterraggio in pista d'allenamento, adattò l'hangar (una grande baracca in lamiera) in palestra e spogliatoi e riuscì ad abbindolare i funzionari della federazione di atletica cinese facendo passare il «centro sportivo» per una struttura d'avanguardia tipo il Teatro Amazonas in Manaus.

La federazione mandò otto atleti e quattro atlete e gli concesse sei mesi per sperimentare il suo programma, che lui stilò meticolosamente e che intitolò in modo oscuro: «Tra balzi e scatti».

Di questa operazione fu complice anche la sua compagna Cing Mee, ottima fotografa, che accompagnò la richiesta scritta di Jackie con bellissime foto del centro. Solo che non erano di quel luogo, ma si riferivano a una singolare veduta del Taj Mahal, però ingannarono i funzionari cinesi, troppo pieni di sé per accorgersi dell'inganno.

Quando arrivarono, gli atleti rimasero scioccati. Non erano molto contenti di quello che trovarono, ma l'entusiasmo di Jackie e le condizioni di libertà di cui avrebbero goduto li contagiò (in Cina, per farli scattare con più rapidità, venivano colpiti ripetutamente sulle gambe con canne di bambù stagionato).

Jackie li portò nella foresta a osservare gli oranghi e gli fece fare una serie di esercizi da lui inventati: arrampicarsi sugli alberi, lanciarsi da un ramo all'altro, correre a zig zag tra i tronchi, rotolarsi come palle da bowling, correre toccando il terreno con le mani ogni due passi, insomma una serie di esercizi improbabili per dei velocisti.

Dopo alcuni mesi di questi allenamenti gli atleti facevano fatica anche a correre dritti. Avevano acquistato una grande agilità e prontezza di riflessi, ma nella corsa dondolavano clamorosamente.

Frustrato e deluso, Jackie perse quel poco di lucidità che gli era rimasta. Cercò di convincere con l'inganno le due atlete a lui più fedeli ad accoppiarsi col maschio dominante degli oranghi, per creare una nuova razza che avesse l'agilità degli oranghi e la velocità degli umani.

Le portò nella foresta, le fece avvicinare al grande orango e le invitò a toccargli i muscoli del petto e della pancia, inventandosi che era molto importante osservare col tatto il movimento delle fibre guizzanti del primate.

Chiaramente non disse loro che, nel mondo degli oranghi, quei movimenti sono un chiaro segno di richiesta sessuale.

L'orango, che è sì intelligente, ma pur sempre una scimmia, sul principio fu stupito dall'interessamento delle umane, però poi, data l'insistenza delle ragazze, che tra l'altro non gli piacevano molto (poco pelose e magrine) e stimolato dalle occhiate in codice di Jackie, cercò di spogliarle e combinare quello che tutti immaginiamo.

Scoppiò un putiferio! Fortunatamente gli altri atleti, insospettiti dallo sguardo allucinato di Jackie negli ultimi tempi, li avevano seguiti nella foresta e, buttandosi nella mischia, cercarono di bloccare l'orango.

Immagino che nessuno di voi abbia mai affrontato un maschio dominante di orango infoiato.

Questo animale ha la forza di dieci uomini adulti, e ci volle tutta l'energia e l'esperienza accumulata in quei mesi per convincerlo a desistere dal suo intento.

Jackie Lee Chin, in un momento di riacquistata lucidità, perì immolandosi nella formidabile rissa; gli altri tornarono al campo distrutti nel fisico e nel morale.

Gli atleti non ebbero il coraggio di tornare in patria e raccontare cosa era accaduto: non li avrebbero creduti. Così adattarono il campo a resort proponendo visite guidate ai primati ottenendo un proficuo successo.

Cing Mee, la fidanzata fotografa di Jackie, l'anno seguente vinse il premio Pulitzer pubblicando le foto, che aveva scattato di nascosto, della tremenda rissa tra uomini e primati, diffondendo involontariamente la leggenda della pericolosità degli oranghi.

La leggenda narra che fu per quelle foto che la Cina scelse il panda e non l'orango come animale simbolo, ma forse è solo una leggenda.

Rimpianti

La 3K è la vertical race col maggior dislivello possibile in meno chilometri che si trovi in Italia. Si parte da Susa e si arriva, se si arriva, sulla cima del monte Rocciamelone a 3538 metri, con un dislivello di 3000 metri in 10 chilometri di percorso.

Due cancelli orari bloccano i «ritardatari» a 1700 metri e al rifugio Ca' d'Asti a 2850 metri.

L'ho fatta due volte questa corsa, ben sapendo che non sarei mai arrivato in cima. Appena passato il primo cancello per il rotto della cuffia – questa espressione rimane misteriosa anche dopo che te l'hanno spiegata –, ci sono 3-400 metri di falsopiano prima che cominci la salita della morte. In quel tratto vengo assalito dai rimpianti... il termine «assalito» l'ho sempre trovato sbagliato. Non è che i rimpianti siano una squadra d'assalto nascosta tra l'erba o dietro gli alberi pronta a saltarti nella testa. I rimpianti sono già lì e, per una distrazione o una connessione neuronale misteriosa, si presentano alla tua coscienza perché, come dice il saggio: «Nel passato ci sta tutto, nel presente c'è pochissimo spazio». Avendo più spazio, ogni tanto si fanno vivi.

I rimpianti e i loro amici, i ricordi, per loro natura cambiano. Si allargano e si restringono, si arricchiscono di particolari o alcuni di questi si dimenticano, perché fanno male o sono imbarazzanti, oppure perché sono poco interessanti.

Nel passato, appunto, ci sta tutto, anche molta invenzione. Il presente invece è compresso, è un attimo, c'è pochissimo spazio. Siccome tendiamo a rimuginare o crogiolarci nel passato, i rimpianti fanno parte di quella categoria di ricordi a cui, a volte, tendiamo per immaginarci come sarebbe stato se avessimo agito diversamente. È un esercizio che non porta a nulla e spesso fa solo danni ma, ahimè, è inevitabile.

Mentre corro su questo sentiero mi ricordo di quella volta in cui, se avessi stretto i denti... ecco, anche «stringere i denti» lo trovo sbagliato. In realtà è vero il contrario: respirare in tan tien – il tan tien è un punto energetico situato tre o quattro dita sotto l'ombelico; se si indirizza il respiro in quel punto, si può rilassare il corpo e la mente –, calmare la mente e rilassare il corpo.

Comunque quella volta mancavano 500 metri al traguardo, quando è sbucata una ragazza sovrappeso, molto sovrappeso, e mi ha superato. Non potevo crederci. Ho pensato subito alla regola n° 3 e ho accelerato cercando di recuperarla. Mi bastava poco, ma non ho avuto abbastanza grinta e, quando sono arrivato al traguardo, lei mi ha lanciato uno sguardo che, se fossimo stati nella serie *Il Trono di Spade*, l'avrei fatta scuoiare e cospargere di sale.

Mi ricordo anche di quella volta in cui, mentre correvo, ho cercato di accorciare i bastoncini, che non mi servivano più. Mi sono distratto e un bastoncino mi si è infilato tra le gambe facendomi cadere. Ho battuto il ginocchio su una pietra e non ho potuto far altro che trascinarmi sino al traguardo. Mancavano solo due chilometri e io e Gianluca, nettamente in vantaggio rispetto a Franz e Aldo, avremmo sicuramente vinto la scommessa, che invece abbiamo perso per 5 minuti. E sarebbe solo bastato che aspettassi di piegare i bastoncini dopo l'arrivo.

Intanto sono a un terzo della salita, che neanche le marmotte si azzardano a percorrere per paura di ruzzolare a valle. La scarsità di ossigeno che arriva al cervello mi fa sorgere una domanda: perché non viene venduto il miele di marjuana? Vuoi dire che le api non colgono il nettare della canapa? Devo approfondire questo fatto, se sopravvivo.

A metà della salita, che gli stambecchi aggirano per non andare in ipossia, un altro rimpianto si fa strada. Quella volta ero tra i primi 200 runner... cosa ridete? C'erano 600 partecipanti, ero piazzato bene; raggiungo uno che, a lato del sentiero, sta vomitando. Gli chiedo se gli serve aiuto, senza fermarmi, e lui risponde: «No...sso...le...ca...tana» (le ultime due parole compongono una parolaccia composta, credo). Mi fermo, un po' per capire cosa abbia detto e un po' per accertarmi del suo stato. Purtroppo sta proprio male e sono costretto a chiamare l'organizzazione per recuperarlo e a fermarmi con lui per non averlo sulla coscienza. Dopo 15 minuti si riprende, mi ringrazia, ricomincia a correre e arriva 10 minuti prima di me al traguardo. Lo ritrovo sorridente mentre si sta scolando una birra gelata. In quel momento avrei voluto essere nella serie *Westworld*: spararagli e farlo rivivere, spararagli e farlo rivivere, ad libitum. Per la cronaca sono arrivato 479esimo.

Sono a tre quarti della salita, dove anche l'erba fa fatica a rimanere dritta, quando, inspiegabilmente, mi appare nella mente il mio gatto. Forse perché l'ho chiamato Aguirre furore di Dio e in questo momento vorrei avere la sua elasticità, la sua grinta e le sue quattro zampe motrici. Aguirre, l'unico gatto allergico ai peli di gatto. Mi viene anche in mente che i gatti ti richiedono attenzioni esplicitamente, non sono come noi che facciamo fatica a essere diretti.

E penso a quell'altra volta, sulla discesa del 3K (la gara è solo in salita, ma dopo devi comunque scendere a piedi, non ci sono mezzi che ti riportano a valle). A metà discesa ho cominciato a non sentirmi bene. Un po' di vertigini, gambe molli, tachicardia. Ero preoccupato. Ho pensato alla regola 51. Non avevo mai avuto quelle sensazioni. Altri concorrenti mi incrociavano, mi salutavano, ma io non dicevo niente. Forse per vergogna, forse perché mi immaginavo i titoli dei giornali locali: «Giovanni, di Aldo, Giovanni e Giacomo, partecipa a una gara ben al di sopra delle sue possibilità e viene ricoverato sotto shock per lo sforzo esagerato. Non avrebbe fatto meglio a continuare a fare il comico? Anche se a noi non ha mai fatto ridere». Seguiva l'articolo, corredato da una brutta foto che mi ritrae in barella, in mutande e con la faccia da cadavere.

Quella volta sono sopravvissuto, ma la prossima, data l'età, potrebbe andare diversamente.

Mancano gli ultimi cento metri e la salita della morte, gemellata con la Carretera de la Muerte in Bolivia, potrebbe diventare della speranza, se addirittura non peggiorasse. Se l'avesse vista Dante le avrebbe dedicato un girone dell'inferno.

Finalmente arrivo, provato, al rifugio, dove mi accoglie Nico (Valsesia). Chi altro potrebbe inventare una gara simile?!

Mentre bevo un tè caldo, come d'abitudine nell'intervallo delle partite di calcio, mi vengono in mente alcuni particolari perché, come dice ancora il saggio: «Il diavolo sta nei dettagli».

Il momento in cui ho allungato troppo il passo e l'ho pagata.

Il momento in cui non mi ero coordinato tra il passo e l'appoggio dei bastoncini, e l'ho pagata.

Il momento in cui ho respirato male, e l'ho pagata.

Insomma, avrei potuto guadagnare due minuti su un tempo finale di tre ore e un quarto.... cosa ridete? Ma si sa: il presente, che dura un attimo, spesso è fuori controllo.

Mentre termino la discesa, con un moto di ammirazione per l'inventore dell'elicottero e un moto di stizza verso Nico, penso che i rimpianti, se li rivisiti con un po' d'ironia, vanno a far parte dei bei ricordi e, se ogni tanto ti vengono a visitare, possono essere i benvenuti.

Correre fa bene e far del bene fa correre

L'attività fisica fa bene?

Il filosofo risponde «no».

Il medico «sì».

Ma con l'età che avanza il medico e il filosofo andranno sempre più d'accordo. E si troveranno a metà strada: «Fa bene, ma con moderazione». Non si tratta di un miracolo della diplomazia o di un cambio di vedute, ma di un naturale percorso verso la saggezza.

Correre (senza esagerare), da un punto di vista strettamente fisico, offre tutta una serie di benefici. Dal controllo naturale del peso e di alcuni valori critici nelle analisi del sangue (glicemia, colesterolo ecc.) alla tonicità e mobilità di alcuni muscoli, e non mi riferisco solo al cuore ma anche a quelli peristaltici, che ci garantiscono una più efficace e regolare evacuazione (in questo senso è corretta l'affermazione che «correre fa cag...», *NdA*). Insomma, un benessere fisico generale che fa sì che vi vengano dati meno anni di quelli che avete. Si aggiunga che anche gli effetti negativi della corsa (dolori alle articolazioni in primis) possono essere facilmente evitati diminuendo l'intensità degli allenamenti e assicurandosi un corretto periodo di recupero tra una seduta e l'altra.

Il filosofo, dal canto suo, considera che con il passare del tempo (lui direbbe Tempo) e il lento passaggio dall'agonismo all'attività ludica, gli aspetti contemplativi della corsa iniziano a prendere il sopravvento. Correndo riflettiamo sul senso delle cose e risolviamo tutta una serie di problemi (peccato che queste soluzioni non ce le ricordiamo più una volta fatta la doccia).

Alla fine, filosofo e medico concordano sui benefici della corsa moderata in età matura.

La verità è che tutti noi vogliamo credere di avere una seconda possibilità e così, che si tratti dei 40, dei 50 o dei 60, decidiamo di correre per avere un nuovo inizio. Una nuova vita. Purtroppo siamo destinati a essere delusi.

Adottare uno stile di vita migliore (e l'attività fisica è di certo un'abitudine che migliora la vita) non cancella quello che abbiamo fatto nel passato. Il nostro consiglio è di viaggiare leggeri. Di lasciare alle spalle tutte quelle cose che ci hanno impedito di muoverci.

E fare.

Non importa cosa... l'importante è non stare lì a rifletterci troppo, a fare corsi di avvicinamento, ad aspettare che non piova o che non faccia freddo.

Uscite e correte.

Mollate giù il libro che state leggendo, sì proprio questo libro, indossate le scarpe da corsa e andate al parco.

Ma torniamo a bomba. Che la corsa faccia bene è cosa (più o meno) assodata. Ma com'è che far del bene può aiutarci a correre?

Da un sacco di tempo (era il 2010) corriamo per Emergency. Così finisce spessissimo che siamo invitati a rappresentare una o l'altra associazione no profit a sostegno di cause tutte meritorie. È molto difficile scegliere e qualche volta (sempre più spesso) bisogna dire di no. Ma ci sono occasioni in cui è bello buttarsi nella mischia.

Una di queste è la Milano Marathon a staffetta.

Gli organizzatori della Milano Marathon qualche anno

fa hanno avuto la geniale idea di introdurre, primi in Italia, la possibilità di correre la maratona a staffetta a scopo benefico. Gli elementi chiave sono semplici: quattro concorrenti (circa 10 chilometri a testa), medaglia, pacco gara per tutti e, ciliegina sulla torta, una parte della quota dell'iscrizione devoluta a una delle associazioni no profit che decidono di partecipare.

È la classica soluzione che accontenta tutti: quelli che corrono per diletto e vogliono sperimentare una grande gara, quelli che non corrono mai ma che vengono coinvolti per una «domenica alternativa», quelli che vogliono farsi belli tra i colleghi d'ufficio con la medaglia della maratona, quelli che vogliono divertirsi con gli amici, quelli che vogliono contribuire a qualche causa...

L'idea ha avuto un grande successo, e oggi ci sono circa 2500 squadre che partecipano (che vuol dire 10mila persone!).

Noi corriamo con Emergency che, ogni anno, porta più di cento team all'arrivo. E il bello è che ogni anno è una grande festa.

Le prime volte era difficile trovare qualcuno che corresse con noi, adesso – fortunatamente – sono i runner che, appena esce la notizia dell'apertura delle iscrizioni, ci chiedono di partecipare.

La spiegazione è davvero semplice.

Correre in team è di per sé un divertimento. Il senso di appartenenza alla squadra, di aspettarsi tra una frazione e l'altra, di festeggiare tutti assieme dopo l'arrivo. A questo si aggiunga che tutto è fatto con spirito goliardico, così si sprecano i nomi divertenti (cito a memoria «L'è dura!», «Costa Fatica», «Sembrava una buona idea», «Con calma, ma arrivo» e via dicendo) e talvolta anche i costumi strani.

Personalmente vivo la Milano Marathon come l'occasione di rivedere tanti volti amici.

Arrivo nella zona del cambio (il percorso è diviso in quattro e gli staffettisti si trovano ognuno a un punto di cambio) con largo anticipo e studio i corridori che passano. Ovviamente ci sono i maratoneti, che vengono salutati con rispetto (e che, grazie agli staffettisti in attesa ai punti cambio, trovano un sacco di tifo per loro sulla strada, a differenza di quanto accade nelle altre maratone) ma la grande massa, i corridori delle staffette, sono coloratissimi, sorridenti e pronti alla battuta.

Se togliamo alla manifestazione l'agonismo della gara, rimane solamente il piacere del correre in compagnia. E anche quelle squadre – e non sono poche – che invece cercano di fare gara, battendo i team degli amici o semplicemente tentando di stare sotto un certo tempo cumulativo, si sfidano mettendo in palio tra loro una pizza o una birra: l'organizzazione premia tutti con la stessa medaglia, siano arrivati primi o ultimi.

Giovanni e io abbiamo corso parecchie edizioni della maratona a staffetta, e ogni volta succede qualcosa di curioso.

In una delle prime edizioni, il team era composto da Giovanni, Aldo (all'anagrafe Cataldo Baglio, un altro terzo del gruppo Aldo Giovanni e Giacomo), Dario e me.

Non so come sia andata, ma Giova e io abbiamo deciso di partire con Aldo alla prima frazione (forse perché non ci fidavamo che si presentasse al via!). In partenza incrociamo Aldo Rock (quello di Radio Deejay, per intenderci) che corre con un altro team. Aldo Rock è celebre per la passione (al limite del fanatismo) per lo sport e per le sue massime, che inizia sempre chiamando «Uomo» la persona cui si rivolge.

Così cazzeggiando tra noi aspettiamo lo sparo della partenza.

Il primo chilometro Aldo è gasato: è la prima vera gara cui partecipa, ci sono migliaia di corridori, la banda dell'esercito, il colpo di cannone... insomma, si lascia travolgere.

«Uomo, non sono i maratoneti a fare le maratone» urla Aldo Rock a mo' di augurio, «ma le maratone a fare i maratoneti.» Aldo non è immune al fascino epico dell'esperienza che sta vivendo e ascolta rapito la voce del deejay.

Nel frattempo ci siamo allontanati dal complesso di Rho Fiera (in quell'edizione si partiva da lì per arrivare in centro a Milano) e stiamo percorrendo le tranquille viuzze di Pero. Aldo scherza con gli altri concorrenti, cui non pare vero di incrociare due terzi del famoso trio. C'è chi gli dà la mano millantando conoscenze comuni, chi lo vuole fermare per una foto, chi lo supera gridando: «Miiii, non ci posso credere!». Insomma, il solito caravanserraglio di umanità varia che caratterizza ogni grande manifestazione sportiva.

Pero è una cittadina. Finisce subito. E il percorso ci porta nell'hinterland a ovest della città. Tra campi e insediamenti industriali. Non fa caldo, ma si suda.

«Uomo, la sofferenza è la debolezza che lascia il corpo» annuncia stentoreo Aldo Rock a beneficio dei runner che ci corrono accanto.

Aldo sogghigna, la storia della sofferenza lo lascia perplesso, ma non ha il coraggio di ribattere al suo omonimo anche perché Aldo Rock ha un glorioso passato di atleta (maratoneta, ironman, sport estremi) e la sua fama lo precede.

Abbiamo imboccato la via Novara che ci porterà verso la zona Montagnetta di San Siro, dov'è situato il primo cambio e superiamo il cartello che segna il quarto chilometro.

Aldo sembra volerci chiedere se siamo sicuri che siano passati solo 4 chilometri, ma la sua domanda gli viene ricacciata in gola da una voce che sopraggiunge alle nostre spalle: «Uomo, non puoi scegliere come morire... puoi solo scegliere come vivere... ADESSO!».

Aldo ci guarda con gli occhi sbarrati mentre si dà un'energica grattata agli zebedei: «Ma siamo sicuri che non faccia male correre così tanto? Guardate come si è ridotto Aldo Rock!». Con una battuta vuole sdrammatizzare, ma è evidente che inizia a sentire la fatica. Anche se è abituato a fare attività fisica (è un buon giocatore di pallone e se la cava anche a tennis) non ha mai praticato la corsa vera e propria.

Imbocchiamo la stradina che gira attorno a Trenno e al Trotter. Siamo all'ottavo chilometro. Aldo vorrebbe camminare un po', ma noi lo incitiamo: «Mancano solo un paio di chilometri». Per non perdere la faccia usa la vecchia scusa del pit stop e si imbosca in un gruppo di alberelli a lato strada. Fa però a tempo a sentire Aldo Rock che proclama: «Uomo, quando sei lì alla frutta che non ce la fai più, è lì che esce la tigre!».

Sperando che noi lo abbandoniamo al suo destino, Aldo si prende qualche istante in più per la sua sosta igienica... ma noi implacabili lo aspettiamo per scortarlo fino al cambio (anche perché è lui che indossa il chip che funge da testimone). Così quando esce dai cespugli sistemandosi i pantaloncini trova Giova e me che lo attendiamo in compagnia di un Aldo Rock in ottima forma che lo saluta con un «Uomo, la strada che ti manca è quella che ti riporta a casa!».

Aldo strabuzza gli occhi, fa un gesto a Giovanni indicandogli che chiaramente Aldo Rock ha qualche problema mentale, ma deve riprendere a correre con noi che cerchiamo di consolarlo assicurandogli che il cambio è vicino.

Al cartello del nono chilometro Aldo è felice: «Dài, non era così dura, ancora un chilometro e siamo arrivati», ma Giovanni deve informarlo che, effettivamente, la prima frazione è un po' più lunga, che i chilometri sono 11 e qualcosa, quasi 12... Aldo non ci può credere, è stato tradito dal suo amico!

«Mi avevi detto che erano 10 chilometri!»

«Veramente io ti ho detto che c'erano quattro frazioni e tu avresti fatto la prima.»

«Ma credevo fossero 10 chilometri!»

«Nell'e-mail dell'organizzazione che ti avevo girato c'era scritto che erano 11 e 900.»

«Ma sai che io non leggo le e-mail!»

E via di seguito, una lunga litania di contumelie frammezzate alle frasi di Aldo Rock. «Uomo, dopo il "non ce la faccio più..." c'è il "chissenefrega"!»

Finalmente passiamo il cartello dell'undicesimo e dopo un po' giriamo l'ultima curva. Iniziamo a sentire il casino dello speaker e della musica, le incitazioni del pubblico, vediamo la massa indistinta degli staffettisti che attendono il cambio. Per noi ci sarà Dario a fare la seconda frazione (mentre Giova la terza e io la quarta, anche se abbiamo deciso di fare un «lungo» e correre con i nostri amici dall'inizio alla fine).

«Uomo, quando scruti nell'abisso allora l'abisso scruterà dentro di te!»

A questo punto Aldo non resiste, si volta verso Aldo Rock urlandogli: «Uomo, ma vaffancuuuuuuuloooo» e con uno scatto bruciante ci lascia tutti sul posto.

Lo troveremo duecento metri più avanti, sotto la bandiera di Emergency che ci attende con Dario. E poi di nuovo correrà con noi gli ultimi duecento metri per tagliare il traguardo finale...

L'anno successivo lo abbiamo invitato a fare di nuovo squadra con noi. Ci ha detto di sì, però ha preteso di fare l'ultima frazione. Ovviamente il giorno della gara non si è presentato millantando di essere rimasto intrappolato con la moto nel traffico. Giovanni, previdente, aveva immaginato questo comportamento e aveva chiamato una riserva, un uomo che potesse fungere da controfigura ad Aldo, ma non temesse né la maratona né le frasi di Aldo Rock.

È stato così che ho conosciuto il Buzzetti.

Storie di uomini dimenticati: Claretta Bernasconi

Il salto nel buio

Discendente da un'antica famiglia svizzera, Claretta Bernasconi fu obbligata dal padre a studiare letteratura romancia (il romancio è un'antica lingua derivante dal celtico parlata nel Cantone dei Grigioni), mentre lei avrebbe voluto dedicarsi all'aerodinamica, che in quegli anni (Claretta era nata il primo giorno dell'anno 1900) era di gran moda. Il colpo di fulmine era avvenuto quando a Briga aveva assistito alla partenza del peruviano Geo Chávez, che nel 1910 fu il primo a sorvolare le Alpi. Il fatto che l'aviatore non fosse riuscito ad atterrare bene e fosse morto per le ferite riportate nell'incidente non raffreddò l'entusiasmo della giovane per la nuova sfida del volare.

Così, mentre studiava i poeti della sua terra, concepì una specie di bicicletta in cui sostituì alle ruote delle molle e la battezzò *volocipede.* L'invenzione però non si dimostrò all'altezza dell'entusiasmo di Claretta: più che volare riusciva a compiere balzi in avanti. Ma la ragazza decise di perfezionare questa tecnica e inventò delle speciali calzature che aiutavano le persone a correre (a balzare) molto più velocemente degli altri.

Di nascosto dalla famiglia decise di partecipare alle gare di corsa a ostacoli. Incredibilmente i giudici svizzeri, che si fidavano ciecamente della correttezza degli atleti, non colsero l'uso di queste scarpe speciali. Claretta conquistò così un posto nella nazionale elvetica alle Olimpiadi di Berlino del 1936.

In una tiratissima eliminatoria sugli 80 metri a ostacoli si confrontò con la nostra Trebisonda Valla e venne squalificata dai giudici di gara del Terzo Reich, che avrebbero voluto punirla mettendola alla gogna nella piattaforma del salto in lungo. Intervenne la Valla che, dopo aver vinto l'oro, mise una buona parola per la povera Claretta, la quale venne rimandata a casa.

Ma la riconoscenza non albergava nel cuore della giovane svizzera, che meditò vendetta nei confronti dell'italiana che, pur avendola salvata, l'aveva umiliata in gara.

Fu lei a scrivere sotto pseudonimo un articolo al vetriolo su un giornale sportivo in cui affermava che il nome vero della nostra ostacolista era TrebiTonda Valla e a suggerire che, data la stazza, si desse al lancio del peso. Con suo grande scoramento i tifosi della bolognese iniziarono a chiamarla Trebitondina e poi Ondina Valla (nome con cui tutti oggi la ricordiamo), avvolgendola in un manto di affetto ancora maggiore. Il colpo di grazia Claretta lo ricevette quando l'atleta scrisse una lettera al giornale ringraziando pubblicamente l'autore di quell'articolo: aveva seguito il suo consiglio e nei primi anni Cinquanta era diventata campionessa abruzzese di getto del peso.

Claretta Bernasconi scomparve nell'ombra, ma si dice che continuò a covare un rancore crescente verso Ondina tanto da commissionare (nel 1978) il furto della medaglia d'oro conquistata a Berlino. Ma anche in questo caso non fu fortunata: Primo Nebiolo (allora presidente della FIDAL) ne fece fare una riproduzione e la donò alla Valla.

Non abbiamo ulteriori notizie di Claretta Bernasconi, ma sembra che Elisa Penna, una sua pronipote, abbia trovato i disegni originali delle scarpe molleggiate e li abbia utilizzati per proporre alla Disney un nuovo personaggio: Paperinik.

Sconfitta da questa ultima beffa, Claretta diseredò la pronipote e si ritirò a vivere in una villa diroccata nei pressi di Davos, dove continua a portare avanti i suoi studi di aerodinamica applicata ai salti delle rane, nella speranza di creare una razza superiore che possa saltare le autostrade e sfuggire all'estinzione.

Effetto placebo

Perché si usa dire: «Quello corre con la testa»? Oppure: «Ce l'ha fatta perché ha testa»? O anche: «I grandi atleti hanno una gran testa», ed è la sacrosanta verità? Finalmente, dopo anni di discussioni, di domande, di supposizioni, meditazioni ed elucubrazioni, ho scoperto il nocciolo della questione: l'effetto placebo.

Si pensa che l'effetto placebo sia utilizzato solo in medicina, ma non è assolutamente vero.

L'effetto placebo, e il suo contrario, l'effetto devastante, fanno parte di alcuni meccanismi che mette in atto il cervello per aiutarti a superare situazioni difficili o per affossarti.

L'effetto placebo va a braccetto con la resilienza, con lo spirito di sopravvivenza, con la tenacia e la positività. L'effetto devastante si sposa con l'insicurezza, con la paura, col dubbio e con la negatività.

Ognuno di noi nasce con un mix tra queste caratteristiche, che si rafforzano o cambiano con l'esperienza e l'educazione.

Purtroppo io faccio parte della seconda categoria, anche se lotto strenuamente per entrare nella prima.

Qualche anno fa partecipavo alla 100 chilometri del Sahara, gara a tappe nel deserto tunisino; si dormiva sotto delle tende berbere, praticamente teli sgualciti sostenuti da paletti improvvisati, e io pensavo: «Dormirò malissimo e domani farò una fatica boia a correre sulla sabbia». Di fianco a me Marco mi diceva: «Che bello dormire sotto le stelle al freddo, domani mi godrò il magnifico deserto». È lampante che l'atteggiamento mentale cambia la predisposizione fisica all'azione. (In quel caso però sono arrivato prima io al traguardo... Marco è stato rapito dai predoni del deserto e dato in sposo a una donna di 127 kg che tutti rifiutavano. Si racconta però che, grazie alla sua positività, viva felice e beato.)

Come dicevo, queste attitudini si possono addestrare.

Svegliarsi alla mattina e sorridere anche se hai dormito malissimo, oppure salutare e poi ignorare un dolore che sopraggiunge infingardo, sono espedienti che ti spingono verso la categoria degli eletti.

Con questi e altri saggi e segreti principi intraprendo ogni corsa o viaggio che mi capita di affrontare: tipo un po' di tempo fa un'escursione di sci d'alpinismo, senza averlo mai praticato.

Mi porta Pietro Trabucchi, che i nostri lettori ben conoscono, probabilmente anche questa volta per un suo oscuro esperimento sulla resilienza.

Saliamo da Estoul per un dislivello di mille metri con gli sci «armati» di pelli. Dopo un po' mi sembra di partecipare alla Via Crucis. Si sale a zig zag e ogni volta che giro gli sci, operazione non facile che richiede una flessibilità articolare da ballerino derviscio, rischio di scivolare a valle. Cerco di convincermi che è una bellissima esperienza, anche se il mio corpo mi comunica che questa sarà la prima e ultima volta.

Finalmente arriviamo in cima. Sono sudato come una salamandra. Fortunatamente ci sono un bel sole e tantissima neve, che poi si rileverà una fregatura. Togliamo le pelli dagli sci e ci prepariamo alla discesa. Per attivare l'effetto placebo canticchio tra me e me la canzone di Jovanotti: «Penso positivo perché son vivo, finché son vivo...» anche se sono ignaro di come si scenda in neve fresca con questi sci.

Intanto ricambio i saluti di un gruppo di sciatori del CAI che ci ha raggiunto in vetta.

Partiamo. Il Trab davanti e io dietro. Nei primi cento metri di discesa cado nove volte. Non riesco a curvare e mi impianto continuamente. Ho molta neve appiccicata addosso tanto che sembro un pupazzo, mi manca solo la carota al posto del naso. Gli sciatori del CAI ridono sguaiatamente credendo che io cada apposta per farli divertire e commentano ironicamente gli sci esageratamente lunghi e datati che indosso: erano del nonno del Trab, che era alto 1.97 e il Trab me li ha spacciati per top di gamma.

Come si fa a mettere in moto la positività in una situazione simile? Spero solo di sopravvivere.

Il Trab supera tranquillamente un passaggio difficile: una specie di ponte di neve di un metro di larghezza che attraversa un torrente.

Io mi vedo già annaspare nell'acqua gelata senza riuscire a togliermi gli sci e morire poco dopo assiderato tra le risate del gruppo CAI, che crederà sconsideratamente in un mio show. Il Trab mi sollecita e io mi butto.

Incredibilmente attraverso il ponte di neve su uno sci solo, in una posizione da Gatto Silvestro. Dall'alto arriva un applauso. Gli sciatori del CAI pensano a una mia performance ben riuscita a loro esclusiva. Mi giro per salutarli e mi infilo in un cumulo di neve, mettendoci dieci minuti a uscirne. Il Trab sorride sornione e dopo altre 74 cadute raggiungiamo una pista da sci battuta. Il sangue, che mi si era congelato, ricomincia a scorrere.

Forse non sono fatto per l'avventura. Se è vero che la libertà si sposa con la paura, la mia percentuale di paura sfiora il 95%. Dovrei frequentare di più il divano e la tv. Mentre sconsolato penso a queste cose mi chiama Simone e mi propone di accompagnarlo alla Badwater, una gara durissima che si corre in California, nella Valle della Morte: accetto immediatamente con entusiasmo e... molto placebo.

Esplorando s'impara

Agosto. L'appuntamento è fissato in un piccolo paese in fondo alla Val d'Ayas. L'idea è quella di andare a trovare a piedi un'amica che abita a Macugnaga partendo dalla Valle d'Aosta e arrivando in Piemonte.

Sembra un giro lunghissimo, ma – come spesso accade – la mente si fa traviare dalle sue conoscenze. Ognuno di noi pensa ai viaggi a piedi paragonandoli a quelli in automobile. Ciò è vero se si corre su strada, ma cambia radicalmente se si viaggia in montagna. A piedi possiamo fare cose che un'automobile non può.

Il viaggio che abbiamo in mente, se realizzato in auto, obbligherebbe a percorrere tutta la Val d'Ayas scendendo fino a Verres, da lì bisogna tornare indietro in autostrada fino a imboccare la strada per Domodossola e poi risalire la Valle Anzasca fino a Macugnaga.

A piedi, invece, si tratta di compiere circa un quarto del periplo del Monte Rosa, scollinando un paio di valli e scendendo alla meta.

Il gruppo di entusiasti in origine era il solito, poi Buzz era partito per le ferie in Sicilia, Gianluca aveva mollato il colpo (lamentando alcuni fantasiosi impegni professionali che, in realtà, nascondevano qualche romantico puntello), così a St. Jacques eravamo arrivati in quattro: Daniela, Mirco, Giovanni e io.

A Macugnaga, di lì a due giorni, ci avrebbe atteso un nutrito gruppo di persone per fare un'ulteriore gita «defaticante» al rifugio Zamboni e al ghiacciaio soprastante. Il programma prevedeva una partenza relativamente tarda, visto che si doveva arrivare da Milano e che intendevamo fare tappa presso il rifugio Pastore ad Alagna.

Parcheggiata la mia automobile a St. Jacques, iniziamo la salita verso il colle Bettaforca.

La prima parte, pur non essendo agevole, è immersa nel bosco e la salita è piacevole. In breve raggiungiamo il rifugio Ferraro, che domina la valle e che è la meta classica di chi percorre quel sentiero. Per noi rappresenta solo il primo dei molteplici micro obiettivi che ci separano dalla meta finale. Mentre saliamo, raggiungiamo una coppia di persone che sta salendo e che ci cede il passo. Una volta riconosciuto Giovanni, gli chiedono se siamo diretti anche noi al rifugio e lui, senza meglio specificare, dice che no, che avremmo proseguito fino al Bettaforca, conquistandosi l'immediata ammirazione dei due. Cosa avrebbero detto se avessero saputo che intendevamo arrivare ad Alagna quella sera?

È incredibile come cambi il nostro atteggiamento in base all'obiettivo che ci siamo prefissati. Quando prepari una maratona capita spesso che usi delle mezze come allenamento. Magari modulando il ritmo, i primi cinque di riscaldamento e poi tre volte i 5000 a ritmo stabilito, con un paio di minuti a ritmi blandi tra una ripetuta e l'altra. Quando tagli il traguardo pensi: «Sono così stanco che non riuscirò mai a fare il doppio di questi chilometri!». La settimana successiva tocca il lungo, così parti presto e ti spari 32 chilometri a ritmo maratona. Quando passi il 21esimo chilometro sei ancora tranquillo, senti le gambe che rispondono bene e pensi: «Certo che la settimana scorsa non l'avrei mai detto...». Poi arrivi alla fine e sei totalmente devastato. «Non ce la farò mai, in tre settimane, a fare dieci chilometri in più.» Il giorno della gara parti determinato e non solo arrivi al 32esimo in buone condizioni, ma magari sei pronto ad aumentare per chiudere gli ultimi dieci un po' più veloce e battere il tuo personale.

È la testa che fa la differenza. Al mattino sai cosa ti aspetta e ti «setti» in modalità mezza maratona, o lungo, o gara.

Noi, che siamo partiti per camminare per tutta la giornata, vediamo il primo rifugio come se fosse il primo ristoro della nostra personale avventura.

Dal rifugio Ferraro il sentiero abbandona il bosco e sale per un'ampia vallata imbruttita dagli impianti di risalita. Razionalmente comprendo la necessità di adattare alcune valli al turismo invernale. So che le comunità locali vivono anche di questo. Molti miei amici lavorano sui gatti delle nevi, agli impianti, o in alberghi, negozi o locali che beneficiano dell'indotto del turismo. Ma tutto ciò detto, fatico di più quando risalgo un pendio violentato da una serie di piloni di cemento. Così, quando scollino quasi a quota 2700, non mi volto indietro e imbocco subito la discesa verso Staffal e la Valle del Lys.

Salendo abbiamo parlato poco, ma in discesa ridiamo e scherziamo (ricordate la regola n° 63?). L'ampia poderale che ci porta comodamente verso il fondo valle ci permette di osservare il paesaggio. Con Giovanni cerchiamo la chiesetta di Sant'Anna, dove Giacomo ha ambientato una parte del suo romanzo *Al paradiso bisogna credere*, e cerchiamo di ricordarci i riferimenti dei luoghi. Ma, osservando il versante opposto a quello dal quale stiamo scendendo, vediamo alto sopra di noi il secondo (e ultimo) colle della giornata, il passo dei Salati (2936 metri s.l.m.).

Mirco ha più fame che preoccupazioni per quello che lo attende, quindi una volta giunti a Staffal decidiamo di fermarci a mangiare. Io protesto debolmente: «Cosa abbiamo portato a fare le barrette?», ma ogni resistenza è vinta quando Giova prospetta «solo» un panino con la birra.

La sosta ci prende quasi un'ora. Quando ripartiamo sentiamo la stanchezza nelle gambe. Un paio di errori nell'imboccare il sentiero ci obbligano a un breve excursus sulla massima pendenza tra ortiche e rovi. Ovviamente mi prendo tutti gli improperi della comitiva, perché sono io quello che, essendoci stato precedentemente, dovrebbe conoscere la strada.

So che il sentiero risale per un tratto il corso del torrente, così perdo un bivio (ingannato anche dal fatto che la strada poderale procede diritta) e ci troviamo nuovamente in mezzo alla vegetazione. Mi sembra di vedere una traccia e provo a seguirla, ma dev'essere una pista di animali e dopo pochi minuti la perdo di nuovo. So dove dobbiamo arrivare, una stretta gola che ci porterà al vallone con il lago Gabiet, quindi immagino dove dovrebbe passare il sentiero. E in effetti scorgo un gruppo di ragazzini che sta salendo. Suscitando le ultime lamentele dai miei compagni, li obbligo a guadare il torrente e a risalire ancora un po' il pendio fino a incontrare il tanto bramato sentiero.

Daniela, che non vedeva l'ora di tornare su un percorso meglio tracciato, si mette in testa al gruppo e detta il ritmo. Giovanni la segue, io e Mirco saliamo con prudenza. Ma questo non ci impedisce di raggiungere la comitiva di ragazzi e, un po' alla volta, superarli. Finalmente la gola e l'ampia vallata con il rifugio Gabiet e, più in alto, il lago, invisibile dalla nostra posizione.

Decidiamo di non fermarci e di salire gli ultimi 600 metri, che dovrebbero essere l'ultimo dislivello positivo della giornata, fino al passo dei Salati; da lì si dovrà solo scendere fino al rifugio Pastore, sopra Alagna. Siamo anche un po' preoccupati dell'ora. È ormai pomeriggio e, per quanto la strada che ci attende sia principalmente in discesa, non sappiamo bene cosa ci aspetti. Abbiamo avvisato che saremmo arrivati, ma vorremmo essere lì in tempo per cena.

Il vallone verso il passo dei Salati è desertico: un immenso ghiaione di sassi sul quale hanno tracciato una strada che le jeep d'estate e i gatti delle nevi d'inverno percorrono per collegare le varie stazioni sciistiche. Mentre noi saliamo gli altri scendono: per loro è tempo di tornare a valle, noi abbiamo ancora un pezzetto di strada. È una bella sensazione quella di non dover tornare sui propri passi. Siamo in viaggio tra due luoghi e tutto acquista un senso diverso.

Gli ultimi tornanti sembrano lunghissimi, così quando finalmente scolliniamo ci sembra il minimo premiarci con una fetta di torta e un tè caldo nel bar degli impianti di risalita.

Durante tutta la giornata il sole ci ha martellato spalle e testa. Siamo accaldati e mostriamo un bel colore acceso, nonostante fossimo tutti già abbronzati. Adesso il sole gioca a nascondino con dei nuvoloni grigi e appena sparisce, complice anche il fatto che siamo a quota 3000, la temperatura scende, così ci sta bene una maglia a manica lunga prima di iniziare l'ultimo tratto.

Mi sono sempre vantato di avere un'ottima memoria per i sentieri di montagna. Se sono passato da un luogo anche solo una volta, tendo a ricordarmelo. La stessa cosa non accade in città, ma in montagna sono sempre sicuro di dove mi trovo.

L'anno precedente avevo fatto lo stesso giro. Da solo e quasi di corsa (volendo compierlo in un unico giorno). Ricordo che, non avendo una cartina della zona, mi ero documentato su internet. Avevo seguito un sentiero che mi aveva portato in una vallata e da lì ero sceso seguendo tracce tra i rododendri fino al rifugio. Questa volta però ero intenzionato a evitare le tracce e a cercare la strada giusta.

Ma con l'età la memoria vacilla. Così, dopo una prima parte sul sentiero – che io ricordavo tranquillo ma che in fondo non era proprio banale, e dopo esser giunti nella vallata di cui avevo memoria – ho preferito non seguire i miei ricordi ma un sentiero che era segnato chiaramente.

Non so quali criteri seguano i battezzatori dei sentieri,

ma se trovate un sentiero con un numero (nel nostro caso il 5) e poi le sue varianti (5a o 5b), non date per scontato che siano varianti per arrivare allo stesso luogo.

La sera incombeva e noi vagavamo in una splendida valle, impreziosita dai ruderi di un vecchio impianto di risalita (quasi archeologia industriale). Su un pendio un nutrito gregge di pecore ci faceva ben sperare nel fatto che si trattasse di luoghi ancora praticati dagli esseri umani.

La stanchezza della giornata (eravamo in ballo da ormai sette ore) si faceva sentire. Inoltre avevamo cullato a lungo l'illusione di essere quasi arrivati e un po' ci eravamo seduti su questo pensiero, così che ogni salita diventava pesantissima e avevamo la percezione di non poter camminare più di una mezz'ora.

In barba al gregge o ai vecchi impianti, la valle era totalmente disabitata. Nessun segno di passaggi umani recenti, nessun cartello (tranne le indicazioni per raggiungere una ferrata). Colti da scoramento decidiamo di telefonare al rifugio e chiedere lumi. Il telefono prende (miracolo!), ma il rifugista non riesce a capire dove siamo. Ci ripete di seguire il sentiero 5 (che noi abbiamo perso da tempo) e ci conforta dicendo che non ci sono problemi per l'orario della cena.

Facciamo un breve summit. Possiamo scendere per una vallata che, probabilmente, porta ad Alagna (da dove poi dovremmo risalire fino al rifugio Pastore). Possiamo risalire lungo il sentiero appena fatto, ritrovare il sentiero 5, ignorare il 5a e il 5b, e girare fino a quando non troviamo il proseguimento del 5 originale. Oppure possiamo affidarci alla buona stella e puntare alla direzione che so essere quella giusta (in base ai miei ricordi).

Alla fine optiamo per la terza soluzione: scendiamo ancora un po' sperando di non dover risalire con le pive nel sacco.

Il nostro umore segue l'andamento del sentiero, volge al bello quando ritroviamo un percorso ben segnato che tradisce il passaggio di tante persone, ma precipita quando si trasforma in una traccia o ci obbliga a fare dei passaggi un po' scoscesi.

Ognuno, dentro di sé, cerca di gestire le proprie debolezze: Mirco la fame, Daniela il timore di percorsi difficili, Giovanni la stanchezza, io la paura di essere linciato dai miei compagni.

Ma si sa che la fortuna aiuta gli audaci e che, se ci fossimo persi in modo definitivo, non avremmo potuto scrivere questo libro, così dopo un'oretta passata a scendere a naso verso il rifugio troviamo un alpeggio con un cartello giallo che indica che siamo sul sentiero giusto e che manca solo un'altra ora alla nostra meta. Rincuorati mettiamo le gambe in spalla e in meno di quaranta minuti raggiungiamo il rifugio, la camerata prima e la doccia poi!

La cena è davvero all'altezza delle nostre speranze, e appena appoggiamo le teste sui cuscini ci addormentiamo sereni. Una buona notte di sonno e una colazione abbondante fan sì che al mattino dopo ripartiamo con rinnovato entusiasmo.

Saliamo verso il passo del Turlo lungo una strada militare costruita dagli alpini. È larga e comoda. Il percorso di oggi è molto più breve di quello di ieri ed è impossibile perdere il sentiero. Così la compagnia raggiunge baldanzosa il passo e affronta lo scollinamento dopo una breve sosta per un panino.

La discesa è lunga e iniziamo a sentire la fatica del giorno precedente, ma sappiamo che in fondo alla valle, in prossimità del Lago delle Fate, ci attendono gli altri amici.

Mentre scendiamo, paragono le due giornate.

La prima è stata massacrante. Abbiamo camminato a lungo, coperto un dislivello positivo doppio rispetto a oggi. Inoltre, soprattutto nell'ultima parte, il non sapere esattamente quanto mancasse all'arrivo ha messo a dura prova il nostro spirito.

La seconda è stata una trasferta piacevolissima. Il corpo

era già abituato al peso dello zaino e alla fatica del camminare. Il sentiero era certo e la destinazione più vicina.

Eppure, tra le due giornate, io preferisco decisamente la prima. A me piace vagare, esplorare zone che non conosco. Provare a trovare una strada che ho immaginato esistere o che magari ho visto solo tracciata sulla carta topografica. In fondo credo che tutto questo nostro correre sia solo un tentativo di cercare la nostra strada. Di esplorare.

Ci sono giorni, come questi appena passati, in cui viaggiamo lontano. E poi ci sono giorni in cui, invece, viaggiamo in profondità cercando non una destinazione ma il modo di arrivarci. Uno stile nostro.

Fuor di metafora: in un mondo dove la strada più semplice è quella di adeguarsi alla corrente principale (le mode, il pensiero dominante, il gusto generalizzato), provare a scegliere un percorso proprio significa fare una piccola rivoluzione. «Scegliere» è la parola chiave. Non adeguarsi automaticamente, ma decidere di fermarsi a riflettere sulla strada da intraprendere. Non come risposta razionale a uno specifico problema, ma come reazione spontanea, stile di comportamento, modo di vivere.

Giovanni mi richiama alla realtà. Come al solito mi sono perso nei miei pensieri e ho rallentato il passo.

Gli amici ci aspettano a valle, per una serata a tavola e un'altra giornata sul ghiacciaio. Meglio allungare il passo e lasciare indietro la filosofia.

Storie di uomini dimenticati: Franco Maffotti

In vino currère

Correre sulle colline del Monferrato è molto piacevole. Il paesaggio rilassa. La pianura mette addosso un'urgenza, una fretta; ti sembra di non poter stare fermo (ecco perché le migrazioni spontanee dei popoli avvengono in pianura).

La montagna ti esalta, ti dà grande vastità, ma anche chiusura, precarietà e un po' di paura.

La collina, che è morbidezza, sta nel mezzo. Dona equilibrio, serenità, il suo andamento ondulato è come il respiro, come il battito del cuore.

Per questo mi piace correre in collina.

Le colline del Monferrato sono tappezzate di vigneti, ma anche tartufaie, frutteti, boschetti, radure, zone selvagge, piccoli paesini arroccati in cima alle colline. Ci sono moltissimi percorsi e poche recinzioni. Ultimamente sono nate tante gare, su strada o percorso misto, che vale la pena provare.

Negli anni Settanta Franco Maffotti, viticultore, contadino e runner, mentre correva su questi percorsi ebbe un'illuminazione. Abbinò lo stato di buona salute a due elementi: la corsa in collina e l'alimentazione strettamente locale: si deve mangiare solo quello che cresce nel territorio in cui si vive. Costruì una tabella dei prodotti locali legati all'allenamento e ottenne ottimi risultati, ma non era soddisfatto. Voleva arrivare all'essenza, al punto in cui il corpo ha bisogno di un solo alimento per vivere sano e pieno di energia. Fece vari esperimenti, poi gli venne la domanda fatidica (perché è sempre la domanda che porta alla risposta): qual è l'alimento facilmente trasportabile e digeribile che si può trovare in qualsiasi stagione? Il vino! Più precisamente il grignolino, delicato ma rustico, che lui coltivava sulle sue colline. Corsa e vino, vino e corsa. Maffotti era molto determinato, ma dopo tre mesi di questa vita non si reggeva più in piedi, altro che correre.

Dopo altri mesi in cui ostinatamente perseguì la sua sventurata intuizione fu ricoverato all'ospedale psichiatrico di Collegno, noto per la storia dello smemorato. Nell'ospedale erano ricoverati altri due runner che avevano avuto la sua stessa intuizione, ma con alimenti diversi. Uno, Fosco, era originario di Parma e abbinava la corsa al famoso prosciutto; l'altro, Mimmo, era di Carovigno, Puglia, e la abbinava alle frise.

I tre si intesero subito e diventarono grandi amici. Quando furono dimessi realizzarono il loro sogno: unirono i loro prodotti trovando un connubio efficace ed equilibrato: prosciutto, frise e grignolino. Tra l'altro, alternando l'ordine di ingestione degli alimenti si ottenevano effetti diversi. Frise, grignolino e prosciutto: lunghe distanze. Grignolino, prosciutto e frise: corte distanze. Solo frise: salita. Solo grignolino: discese. Frise, condite con sopra il prosciutto e grignolino... picnic.

Scrissero anche un libro che divenne un bestseller: *Enogastronomia del runner.* Aprirono un agriturismo sull'Appennino emiliano che diventò molto frequentato. Ancora oggi li si può sentire disquisire accaloratamente sulle percentuali dei loro prodotti.

Nessun atleta di livello ha preso mai sul serio questo tipo di alimentazione, ma quei tre corrono ancora: qualcosa di vero ci sarà pure!

Pur correndo nel Monferrato, non ho mai attuato le teorie di Maffotti, ma ho sperimentato l'energia dei prodotti locali.

Un giorno di fine maggio correvo su un bel percorso collinare e mi sentivo piuttosto stanco. Conoscendo l'ubicazione di alcune piante di ciliegio, ed essendo la stagione giusta, cambiai strada e mi fermai due volte per mangiare un bel po' di questo gustoso frutto. Dopo cinque minuti l'energia si moltiplicò, allungai il percorso e arrivai a casa che non ero neanche stanco tant'è vero che tagliai con l'ascia tre quintali di legna.

Un altro episodio del genere mi capitò verso la fine di agosto. Stessa storia, ma con protagonisti i fichi (fortunatamente ci sono tante piante di fico lungo i percorsi dove corro). Ne feci una scorpacciata, e anche questa volta l'energia si moltiplicò. . Bisogna però non eccedere con le dosi. Quella sera la passai sul water, ma con un'energia!

Adesso mi sono fatto una mappa mentale della stagionalità dei frutti che crescono nel Monferrato: ciliegie, amarene, fichi, albicocche, pesche, prugne (non bisogna esagerare), gelsi, more, pere, mele, asparagini... eccetera. Sperimento ancora le proprietà di questi frutti e sto ottenendo risultati significativi.

L'esperienza di questi anni di corsa mi ha insegnato che ognuno ha una risposta diversa rispetto alle sostanze che assume: non ci sono regole generali. Come dice la mia amica Monica: «Quando sei in difficoltà, per alcuni la motivazione sta nella parola "barretta", per altri sta nella parola "aperol spritz"».

Il popolo sospeso

Ho preso la 73, inteso come bus, in piazza Duomo, e mi sono trovato tra le sabbie del deserto libico. Tutta colpa di Rubens, che mi ha raccontato la storia dei Saharawi.

Ma andiamo con ordine.

Nella seconda metà dell'Ottocento, quando gli Stati europei decisero scelleratamente di dividersi l'Africa, il Sahara occidentale venne assegnato alla Spagna: trovandosi davanti alle isole Canarie, per loro si trattava di una zona strategica. Quella terra era occupata da un popolo nomade: gli Saharawi. Nel 1975, alla morte di Francisco Franco, gli spagnoli si ritirarono dalle terre da loro occupate, accettando di indire un referendum per l'indipendenza degli Saharawi.

Questo referendum non si tenne mai. Il Marocco invase e occupò queste terre. La maggior parte degli Saharawi fuggì o cominciò una guerra per l'indipendenza e per il ritorno al proprio territorio.

Il Sahara occidentale è ricco di giacimenti di fosfati, miniere di ferro, e l'oceano che bagna le sue coste è il più pescoso della costa atlantica.

L'Algeria aiuta logisticamente gli Saharawi, che costruiscono vari campi lungo il confine. Mentre gli uomini combattono, è dato alle donne il compito di amministrare e gestire la vita nei campi.

Questo popolo è di fede musulmana, è molto tollerante e si può dire che attui una democrazia un po' anarchica sotto la guida del Fronte Polisario (fronte di liberazione) che amministra ancora oggi la vita politica e le strategie di lotta non violenta. Infatti questo popolo combatté i marocchini sino al 1991, poi, con una saggezza poco comune nel mondo, decise di perseguire la via diplomatica.

Nel mentre il Marocco costruisce un terrapieno che, alla fine degli anni Ottanta, raggiunge la misura di 2700 chilometri. Questo muro circonda tutti i confini del Sahara occidentale, dal Marocco alla Mauritania (l'idea del muro sembra suggerita dagli israeliani). Non contenti, i marocchini seminano la bellezza di cinque milioni di mine, in buona parte fornite dagli italiani. I francesi spalleggiano il Marocco e fanno ostruzione per il ritorno dei legittimi Saharawi, che, nonostante alcune risoluzioni ONU e importanti decreti della Comunità Europea, vivono da 42 anni in campi profughi nel bel mezzo del deserto e la loro quasi unica fonte di sostentamento sono gli aiuti comunitari.

Alla fine del 2017 conosco Rubens, infaticabile vicepresidente dell'associazione Oltre il Muro, che si occupa di creare e gestire progetti nei campi profughi, nonché organizzatore italiano della Sahara Marathon.

Rubens mi ha proposto di correre questa maratona, ospitato da famiglie in due campi, per toccare con mano come si svolge la vita lì e come si possa aiutare questa gente. Ho accettato con entusiasmo coinvolgendo altri due amici: il mitico Buzz e Dino, compagno di tante avventure e grande fotografo. Sono una quarantina gli italiani che partecipano a questa avventura: gruppetti che fanno capo ad associazioni venete, toscane e sarde.

Il viaggio di andata è il più lungo che abbia mai fatto nella mia vita. Neanche quando sono andato in Patagonia ci ho messo tanto! Partiamo da Milano con l'aereo delle 10 del mattino e, dopo una serie di peripezie, arriviamo al campo di Smara alle 7.30 del mattino dopo. Marco Polo, a piedi, ci avrebbe messo solo qualche ora in più. Il tragitto dall'aeroporto di Tindouf al campo di Smara lo facciamo in autobus. Non un autobus «normale»: un autobus di linea urbana! Tipo la 73 a Milano: Forlanini-Duomo! Facciamo 60 chilometri di deserto su due autobus urbani!

In più, quello dove siamo saliti noi, non ha il vetro posteriore, e noi dove siamo? In fondo, semisoffocati dallo scarico del bus e dalla stanchezza del viaggio. Quando l'autobus si ferma, dopo che abbiamo schiacciato il pulsante «fermata prenotata», tutti scendono tranne il Buzz, che non si muove. Crediamo non abbia retto al viaggio e sia morto. Invece è in coma vigile: un'attitudine che ha sviluppato negli anni per poter superare i disagi estremi. Infatti è fresco come una rosa.

Se per caso avessi pensato di superare i miei limiti in questa maratona, potrei tranquillamente affermare che già il viaggio mi ha portato oltre.

Veniamo smistati nelle famiglie che ci ospitano e sono le donne e i bambini ad accompagnarci nelle loro case. Siamo nel campo di Smara, dove vivono circa 50.000 persone. Ci sono tende e case (cubi con mura fatte di mattoni di terra cotti al sole e tetti di lamiera) con molte macerie attorno. Quando piove con violenza queste case si sciolgono, letteralmente. Ultimamente stanno cercando di costruire con mattoni di cemento, ma qui è difficile reperire qualsiasi cosa. Gli Saharawi hanno il più alto tasso d'alfabetizzazione d'Africa. I ragazzi studiano principalmente in Algeria e in Spagna. Purtroppo nei campi, nonostante le tante iniziative, la vita scorre sospesa. Si sentono precari e lo sono in una terra che non è la loro. Sognano di tornare a casa; sono sicuri che lo faranno e lo insegnano ai loro figli, ma il percorso è stato, è e sarà lungo e frustrante.

La mattina dopo si parte per la maratona. Partecipano atleti da 23 paesi. Io non sono preparato per una gara così, ma come si fa a dire di no?

A un centinaio di metri dalla partenza c'è un piccolo cimitero di macchine. Non ci sono gabinetti e vengono usate le carcasse delle auto come «stanze da bagno». Se un fotografo facesse una panoramica del luogo in questo momento, vincerebbe il Pulitzer... fortunatamente Dino sta usando una carcassa.

Corriamo in gruppo: io, Dino, Rubens e Marina. Il Buzz è stato abbandonato già al primo chilometro.

Siamo nel deserto dell'Hamada du Draa: giallo, punteggiato da sassolini neri. C'è molto vento. Folate che fanno danzare la sabbia. Per brevi momenti sembra di essere immersi in una nebbia solida.

Sino al ventunesimo chilometro corriamo bene: si chiacchiera, si ride, si osserva e si gusta il percorso. Passiamo da un piccolo campo profughi dove donne e bambini sventolano bandiere saharawi salutandoci col loro tipico verso, l'*eglit*, che consiste nel muovere velocemente la lingua da destra a sinistra. Ci provo anch'io e a momenti soffoco.

Al trentesimo chilometro sento il bisogno di camminare. Siamo rimasti io, Marina e Dino, che corre avanti e indietro per fotografare con un'energia invidiabile. Dico loro di andare pure, che non c'è problema... faccio per dire, ma loro vanno! Mi prendono alla lettera e se ne vanno!! Non capiscono che era un'esortazione retorica! Mi lasciano solo nel bel mezzo del deserto più vasto al mondo, con una natura ostile che pensa solo a ucciderti! Che razza di amici.

Viaggiando per i deserti ci si accorge che, come negli oceani, gli scarti della plastica sono gli elementi più presenti nel territorio. L'uso improprio di questa grande invenzione sta inquinando senza ritorno l'habitat.

Aumenta anche il vento e solleva nuvole di sabbia e sacchetti che ricordano piccole mongolfiere. Lascio che la mente si uniformi al deserto. Dopo un po', forse anche per colpa della sabbia che mi è entrata nel cervello, si concretizza un pensiero: se fossi Dio?

Se fossi Dio per prima cosa fermerei il vento, poi porterei acqua in questo deserto e lo riempirei di animali.

Se fossi Dio distruggerei il muro facendo esplodere tutte le mine e farei tornare il popolo saharawi nella sua terra.

Se fossi Dio correrei veloce verso il traguardo come un ghepardo... ma sono Giovanni e arranco come un topino sperduto in mezzo alla sabbia che vola. C'è una zona di dune da superare e, seppure sia faticoso correrci sopra, mi viene da sorridere per un'idea che mi si presenta nella testa. Si potrebbero portare qui gruppi di persone organizzando sabbiature terapeutiche. Devo ricordarmi di proporlo a Rubens, ci si potrebbe fare un sacco di soldi. Vedo già decine di teste che sbucano dalla sabbia con vicino una bibita ghiacciata provvista di cannuccia.

Sono un po' provato e cerco di applicare la regola n° 19.

Sto ancora sorridendo quando, a 50 metri dal traguardo, mi supera con uno scatto un corridore inglese. Tento di recuperarlo, ma le mie gambe fanno finta di niente. Sorrido comunque, la competizione è cosmopolita... e anche la vendetta.

Lo incrocio all'arrivo e gli nascondo la medaglia.

Il Buzz, tallonato dalla jeep che chiude la gara e che cerca di tanto in tanto di schiacciarlo, arriverà irriconoscibile due ore dopo.

Il giorno seguente andiamo a «vedere» il muro che divide i Saharawi dal loro antico territorio. Un altro viaggio della speranza dentro cassoni di camion, senza sedili, nel deserto, per ore. All'arrivo il Buzz, che sembra una sdraio ripiegata, deve essere raddrizzato a colpi di karate.

Il muro è impressionante. I militari marocchini ci tengono d'occhio dai bastioni. Non ci si può avvicinare. Un reticolato e una zona minata, la più lunga al mondo, ci tengono distanti. Che follia!

Prima di tornare in Italia passiamo a trovare Rossana, dell'associazione Rio de Oro. Con grande volontà, determinazione e gentilezza, Rossana ha creato in mezzo al nulla una struttura dedicata all'emergenza pediatrica che spiccherebbe per eccellenza anche in Italia, figurarsi in mezzo al deserto. Il motto è: «L'ho realizzato perché non sapevo che era impossibile».

Purtroppo il Buzz, particolarmente affamato, mangia le scorte alimentari del centro di tutto il mese.

Scopro che la bellissima costruzione è stata eseguita principalmente da muratori bergamaschi facenti parte dell'organizzazione CRIMM, cantieri di solidarietà.

Nelle grandi difficoltà trovi spesso grande solidarietà.

Sull'aereo di ritorno, ripensando a Rossana, mi appare l'immagine del Drago, che per i cinesi simboleggia il cielo, l'aria, il respiro vitale.

Per i Saharawi invece una parola, chissà perché in inglese, fearless: senza paura.

Drogati di straordinario

È facile ricordare certi momenti. L'arrivo della tua prima maratona, per esempio, è una di quelle sensazioni magnifiche. O quando stai correndo tra cime innevate e laghi cristallini e valicando un colle ti trovi in mezzo a un branco di stambecchi...

Si gode di quell'istante e, quando finisce, viene sostituito da un senso di vuoto.

Così ti prepari per la prossima avventura. La cerchi più difficile, più lontana, più grande. In una perenne tensione verso il superarsi, l'oltre, l'asticella alzata di una tacca. Siamo drogati di adrenalina. Siamo drogati di straordinario.

Questa pulsione interna ci spinge a superarci costantemente. Qualcuno dice che è la natura stessa dell'Uomo. Lo spirito olimpico (Citius, Altius, Fortius). Il senso vero del progresso.

Ma non pensate che tutto ciò sia sbagliato?

Quando ci si innamora, il primo mese è incredibile. Emozioni a non finire. Basta una sua parola, carezza o sguardo e viene la pelle d'oca. Anche il sesso è fantastico. Ogni esperienza diventa magica. Ma poi? Dopo un mese, un anno, un lustro?

Allora cerchiamo di riaccendere quel fuoco sacro. Programmiamo cene romantiche, viaggi in luoghi esotici e sempre nuovi giochini erotici... ma non siamo in grado di far tornare i brividi dei primi giorni. Siamo così delusi dal confronto tra passato e presente che ci confondiamo e diamo la colpa all'altra persona: «È lei che non funziona!». Magari cerchiamo altrove, in altre relazioni o semplicemente in altre passioni.

Invece la soluzione è semplice: dobbiamo smettere di inseguire lo straordinario e imparare ad apprezzare l'ordinario. Nella vita di coppia significa ritrovare quelle cose che ti hanno attratto all'inizio verso l'altra persona e cercarle nel presente, riconoscerne il vero valore.

Nella corsa vale la stessa regola. Trovare lo stimolo originale che ci ha fatto iniziare e rimetterci in gioco.

Questa è la teoria. La realizzazione pratica, nella corsa come nella coppia, è più complicata. Bisogna imparare a tenere gli occhi ben aperti e saper cogliere tutti quegli istanti di bellezza pura che incrociamo durante la corsa.

L'uscita dello scorso martedì è un buon esempio. Siamo al Parco Sempione, in pieno centro di Milano, la giornata è tiepida, una delle prime di questa primavera che stenta a cominciare. Corriamo in gruppetto, i soliti. Gianluca e Niccolò davanti a fare il passo e a sfidarsi continuamente fino al prossimo angolo, fino alla fontana, fino all'ingresso del Castello, per poi tornare al piccolo trotto verso di noi che li seguiamo chiacchierando.

Il profumo delle forsythie scandisce il nostro passare in alcune zone del parco, facendoci dimenticare di essere in una città. È bello sentire l'aria sulla pelle. Per la prima volta abbiamo indossato i pantaloni corti e la maglietta leggera.

Giovanni è più in forma di me, ogni tanto si lascia trasportare dal suo ritmo e io devo allungare, poi si accorge che il mio respiro si fa affannato e rallenta: una specie di *fartlek* naturale imposto dall'amicizia e non dalla tabella.

E proprio lì, a cavallo tra il corricchiare e l'inseguire, entro in ritmo, trovo la cadenza giusta che mi fa sentire un «essere corrente».

Alla fontana di piazza Castello ci fermiamo per la solita cerimonia del selfie: Gianluca è in fissa con i social network e ci impone una foto di gruppo che poi provvede a pubblicare su Facebook e Instagram. Una noia, se non fosse che ci permette di prendere fiato e ricompattare il gruppetto che, d'ora in poi, procederà compatto, immerso nella discussione di dove andare a cena.

Ognuno di noi sta attraversando un periodo diverso di fascinazione della corsa: Nik ha appena iniziato e sta ancora godendo dell'ebbrezza della velocità; Gianluca, che fa a pugni con la vita, usa la corsa come valvola di sfogo, come rimedio universale per tutti i mali (o presunti tali) che lo affliggono; per Giovanni e me è un promemoria per il corpo: serve a ricordargli che muoversi è l'unico modo per essere vivi.

Oggi mi trovo a casa mia, seduto al tavolo ad appuntare queste note, e appena finirò il capitolo sfrutterò le ultime ore di luce per uscire a fare una corsetta.

L'ambiente cambia (vivo in un paese di montagna), sarò solo, ripeterò il mio solito giro da un'ora che non mi porta a salire vette o esplorare zone nuove. Ma ho imparato ad apprezzare anche qui le piccole cose che appartengono alla mia routine.

Il passaggio davanti alla casa qui sotto con i cani che abbaiano festosi e il mio vicino che interrompe quello che sta facendo per sollevare gli occhi e scoprire chi passa: a volte basta un saluto con la mano, a volte mi fermo a fare due chiacchiere e a rubargli un consiglio sul giardino.

L'imbocco della sterrata, con la strada comunale che si trasforma in poderale; le macchine sono una rarità ma incrocio spesso qualcuno che passeggia da solo o con il cane.

Correre è diventato sempre meno un mettermi in gioco (nelle gare) e sempre di più un modo per giocare con me stesso. Provo a indovinare quale sarà il primo animale selvatico che vedrò: una ghiandaia, un ramarro, uno scoiattolo, un capriolo...

Verso la fine della sterrata, che è in leggera salita, la pendenza si inverte. Faccio riposare le gambe sapendo che mi attende qualche centinaio di metri su asfalto e in salita prima della croce sul colle che divide la mia valle dalla Val d'Ayas.

Amo questo punto. Non solo per lo splendido panorama che si gode, quanto perché è lo spartiacque del mio allenamento. Sono a metà strada, da qui inizia il ritorno (che è sempre più piacevole). Da qui lascio la via larga e scelgo il sentiero nel bosco. Da qui alterno cammino e corsa, in armonia con il tipo di percorso.

Sovente faccio un altro gioco con me stesso e mi sfido a minimizzare la parte di cammino. Conto i passi, non mi concedo mai di superare la doppia cifra. Al centesimo passo mi rimetto a correre, anche se è antieconomico in termini di prestazione (quando, cioè, vado più veloce camminando che correndo). Ovviamente se il 99esimo passo è in piena salita la corsa è un vero arrancare, ma vige la regola del 25esimo passo: mai camminare per più di 99 e correre meno di 25. Galleggio tra questi due numeri, con il cuore che impazza e la fronte che gronda.

Intanto il sentiero scivola sotto i miei piedi. Amo sentire l'elastica morbidezza del fondo di aghi di abete e foglie. Scelgo con cura i punti dove appoggiare la suola, cercando di indovinare il sasso più stabile, il terreno meno scivoloso, ben sapendo che ogni vacillare del corpo si paga in energia tolta alla corsa.

Sono concentrato su quello che faccio. Totalmente presente al mio gesto e all'ambiente che mi circonda. Non penso ad altro che a me che corro. O almeno questa sarebbe l'aspirazione.

Sbuco dal bosco nella pietraia (ultimo tratto in salita) e mi viene chiesto un piccolo sforzo extra di attenzione oltre che muscolare, così spesso mi fermo un attimo a guardarmi attorno. Beandomi del silenzio di quel luogo. Per poi riprendere con rinnovata carica (e senza sensi di colpa per la breve sosta).

Imbocco un sentiero che in breve mi porta sulla piana davanti al paese che sta sopra il mio. A volte allungo solo per il piacere di attraversare i campi che si affacciano sulla vallata. A primavera sono verdi brillanti, punteggiati dai mille colori dei fiori. In estate l'erba alta e il grano ondeggiano accarezzati dal vento. In autunno i cespugli di more che crescono a fianco dei muri a secco sono appesantiti dai sugosi frutti. E in inverno un manto candido tagliato dalle tracce di qualche animale e dai passi dei viandanti copre tutto e offre ristoro alla terra che dorme.

Qui si corre per il piacere degli occhi. In alto svetta il Monte Zerbion, oltre la Dora si riconoscono l'appuntita cima del Mont Avic e la piramide regolare del Monte Emilius. In fondo, a chiudere la valle, il Monte Bianco in tutta la sua maestosità.

Di questa piana mi piacciono anche gli odori: da quello forte di letame a quello del fumo di legna che sale dalle stufe delle case in fondo. Quello di terra bagnata e funghi sul limitare del bosco e quello profumato di fiori e grano che si alza quando corri tra l'erba alta.

L'ultimo tratto è una discesa abbastanza ripida verso casa (devo restituire tutto il dislivello che ho salito fin qui!), resa tecnica dal fondo dissestato del terreno. È un gioco, l'ultimo della giornata: farsi scivolare lungo il sentiero in punta di piedi, toccando appena il terreno e rimbalzando subito via. Facendo attenzione a spostare il peso a valle per non perdere aderenza e a dosare la forza dei quadricipiti per non prendere velocità.

Al cancello di casa fermo il cronometro e ogni volta è una sorpresa. Di solito brutta. «Ma mi sembrava di andare così bene, come mai ci ho messo tre minuti in più della scorsa volta?» Poi mi consolo pensando che ogni istante di quella corsa è stato denso di sensazioni, e rinunciare anche solo a una di esse sarebbe stato un vero peccato.

Il Tempo è l'unica cosa che, per quanti sforzi facciamo, ci viene data in quantità finita. Forse anche per questo fatico a comprendere le persone che cercano con i «passatempo» di far passare la giornata.

La mia attenzione, invece, è concentrata sullo sminuzzare ogni istante che vivo e appuntare dentro di me il senso che ha avuto. Come se fosse un granello di sabbia che contribuisce a comporre la malta con la quale edificherò la mia vita.

Lo faccio nella corsa e in tutte le altre mie attività.

Infatti, consolatomi con queste perle filosofiche dello scarso riscontro cronometrico, entro in casa, metto una pentola con dell'acqua sul fuoco. Mentre aspetto che bolla mi faccio la doccia. Poi tolgo dal frigo quel che resta delle zucchine che ho mangiato ieri a cena, le metto in una padella con delle foglie di menta del giardino e dei pinoli. Quando la pasta (integrale, mi raccomando!) è quasi pronta, la scolo e la incorporo alle zucchine. Poi mi porto la padella così com'è in terrazza, stappo una birra e, mentre mi gusto questa meritata cenetta, mi perdo a guardare il panorama.

Magari c'è chi lo considera tempo sprecato: ma anche godere della vita di ogni giorno può essere straordinario.

Storie di uomini dimenticati: Daniel Borzilov

Cyberatleti

Dagli anni Duemila l'ingegneria informatica e l'elettronica si sono dedicate allo studio della realtà aumentata, mettendo a punto una serie di marchingegni che permettono a persone normali di diventare super.

Nello specifico, la realtà aumentata permette al corpo e alla mente di oltrepassare i propri limiti. Esempio: ti impiantano un chip della grandezza di una pillola in una mano, interfacciato con la tua carta di credito, e tu puoi salire su un treno passando la mano al controllo anziché mostrando il biglietto.

Oppure puoi attivare i computer aziendali, acquistare cibi e servizi o pagare il parcheggio semplicemente «posando» la mano sullo scanner di riferimento. Puoi aprire porte o casseforti a combinazione sempre con un chip nella mano, o in un'altra parte del corpo a te più comoda.

Potete ben immaginare, e immaginatelo, gli sviluppi anche distorti che può avere questa tecnologia. Per esempio, lo specialista russo Daniel Borzilov ha pensato di utilizzare queste conoscenze per preparare super atleti.

I primi esperimenti li ha fatti sui velocisti, impiantandogli delle fibre muscolari artificiali nelle cosce, alimentate da una batteria situata sotto l'ascella destra. La corsa di questi atleti era più performante, ma tutta sbilenca, causa la pressione che si doveva esercitare tra il braccio e l'ascella per attivare le fibre. Tra l'altro due massaggiatori, mentre svolgevano il loro lavoro, sono stati fulminati dalle potenti batterie.

Altri esperimenti li ha fatti con un atleta di tiro a volo. Gli ha impiantato nel cranio un'antennina con un occhio cibernetico che gli permetteva di vedere come i gatti e i condor. Questo atleta captava gli infrarossi e vedeva venti volte più di un uomo. Per non farsi scoprire nelle competizioni in cui gareggiava, portava un buffo cappellino con un'apertura sopra la falda. Purtroppo nella finale degli Europei del 2011 il trasmettitore dell'impianto di amplificazione della tv locale ebbe un picco di tensione e mandò in pappa il cervello del cyberatleta.

Altra storia tragica capitò a un atleta del lancio del giavellotto, che scagliò l'attrezzo, e il suo braccio bionico, a 314 metri fuori dal campo infilzando un uomo e il suo cane, un bracco ungherese, che stavano aspettando l'autobus. (Un'altra versione racconta che l'uomo stava raccogliendo la cacca del cane.)

Quando un triatleta causò un piccolo tsunami in una gara alle Hawaii, Borzilov fu allontanato dalla comunità scientifica europea. Così si trasferì negli Stati Uniti perché, si sa, agli americani fa comodo chi sperimenta senza farsi problemi in tutti i campi e Borzilov creò quei cyber oggetti dalle funzioni più disparate che a loro piacciono tanto. Una specie di bussola impiantata nel petto che ti indica sempre il nord. Un sismografo, sempre impiantato nel petto, che ti segnala quando c'è un terremoto sulla terra. Un rivelatore di topi impiantato dietro al ginocchio che vibra se si avvicinano a meno di dieci metri. Due microchip installati negli alluci per stabilire con sicurezza la temperatura dell'acqua... Insomma, un sacco di aggeggi indispensabili.

La settimana scorsa il campione cinese di «chi sputa più lontano», Chang Hu, ha ammesso di avere un microchip impiantato nella lingua che, imitando il pesce balestra, gli permette di sputare a 14 metri senza sforzo.

Questa «realtà aumentata» a noi fa un po' paura ma, si sa, i cambiamenti sono spesso osteggiati da chi è calato troppo nel presente e non si fida degli sviluppi che può avere il futuro.

Noi corriamo semplicemente e ci godiamo i nostri limiti anche se, con l'avanzare dell'età, questi si dilatano sempre più e non vorremmo mai incontrare sul campo il cyberatleta a cui sta lavorando Borzilov: cervello artificiale impiantato nel cranio che lavora in sinergia con il tuo portandolo alla potenza di 50 gigabyte; potenza muscolare aumentata con una tecnologia tipo il turbo delle auto impiantata nelle anche; capacità respiratoria moltiplicata da dieci milioni di alveoli polmonari artificiali racchiusi in un palloncino impiantato nel diaframma; apparato cardiovascolare controllato da un satellite che ti segue a 36mila chilometri di distanza... insomma noi, che viviamo ancora nella «realtà diminuita» e che apparteniamo al pianeta, non alla tecnologia, speriamo che Borzilov venga internato prima di riuscire ad assemblare questo superuomo.

Il Bel Danubio blu
ovvero
«Dalla Sacher al risotto»

Da Vienna a Milano in bicicletta, seguendo i percorsi di cinque ciclovie che ci portano da Vienna a Passau, da Passau a Grado, da Grado a Pavia e da Pavia a Milano. In tutto 1650 chilometri. Questo è il nostro progetto.

Si potrebbero definire le ciclovie dell'acqua, perché costeggiano tanti fiumi: dal Danubio al Ticino, per poi entrare a Milano affiancando il Naviglio Pavese.

L'acqua è una compagna per tutti i viaggiatori. Sia che si viaggi sopra o al suo fianco, l'acqua che scorre ci ricorda il tempo, che come l'acqua è sempre uguale ma diverso, prevedibile e imprevedibile, dolce o tremendo, che ci guida o ci prende in giro. Se riuscissimo ad assomigliare all'acqua saremmo invincibili.

Partiamo da Vienna in sette, seguendo la ciclovia del Danubio. Ognuno di noi ha circa 10 kg di peso distribuito in due o tre borse, tranne il Bagna, detto «il Dandy» che, sfoggiando una serie infinita di calze lunghe a righe e completi che non c'entrano nulla con l'abbigliamento sportivo, raggiunge un peso ragguardevole. Anche la bicicletta, noleggiata, non è un granché. Nonostante questo pedala di gran lena.

Oltre a me e al Bagna ci sono Giorgio e Cristina, ottimi compagni di viaggio e grandi ristoratori (Cristina sceglierà ogni sera il vino per il gruppo e Giorgio commenterà con sapienza ogni piatto) e Bruna, ciclista neofita dotata di grande determinazione.

Ci guida Monica, condottiera moderna dotata di mappa gps che si segue a fatica. Monica, che ha progettato il viaggio con la complicità di Annita, sua compagna di avventure già sulla via Francigena. Monica, che tiene aggiornato il suo blog: *se ce l'ho fatta io*. Il senso sta nel titolo: se ce l'ho fatta io, può farcela chiunque. Di questo parlerò più avanti.

Partiamo agguerriti e spensierati, e già il primo giorno prendiamo un bell'acquazzone senza possibilità di riparo. Non importa, sapevamo che poteva succedere e siamo tutti allegri.

Sul finire della giornata Giorgio, complice un'infida strettoia, fa un frontale con un massiccio austriaco che cade sulla carreggiata, rimbalza e rimane incredibilmente illeso. Quello ci insulta e se ne va. La ruota anteriore della bici di Giorgio sembra il circuito di Le Mans in piccolo. Impossibile da riparare.

La smontiamo e io propongo di saltarci sopra a turno fino a quando non riusciremo a farla girare tra le forcelle. L'arguto tentativo funziona e permette a Giorgio, sotto lo sguardo incredulo di alcuni ciclisti, di raggiungere insieme a noi la destinazione prefissata: Krems.

La mattina dopo la ruota viene riparata in una efficientissima officina ciclistica che assomiglia a quella della Subaru.

Lungo la strada, a Persenberg (ma come le costruiscono le parole, lanciando i dadi?) abbracciamo un tiglio del 1300. Magnifico.

Il Bagna si accorge dopo 10 chilometri di aver dimenticato vicino all'albero il suo zainetto con dentro tutto ciò che conta nella vita: portafogli, chiavi, carte di credito e documenti. Torna a cercarlo pedalando come Moser quando fece il record dell'ora. Lo aspettiamo bighellonando sulle rive del Danubio, che scorre lento e gonfio d'acqua, causa i continui temporali.

Eccolo che torna tranquillo e sorridente col suo zainetto integro. Qui in Austria rispettano le cose altrui. A nessuno viene la tentazione di impossessarsene. Hanno un consolidato senso civico. Il territorio è ben curato, le case sono ordinatissime, la gentilezza e l'accoglienza garantite. Le piste ciclabili sono ben tenute, i portabici sono dappertutto e i ciclisti ben considerati.

Certo è che gli austriaci e i tedeschi hanno delle stranezze. Si comportano un po' come i computer: se non gli poni la domanda giusta, non sanno risponderti. Ecco un dialogo tipo successo davvero:

«Abbiamo bisogno di tre posti bici sul treno delle 10 per Passau.»

«Non ce ne sono.»

«Alternative?»

«Non saprei...»

Allora tu telefoni alle agenzie dei pullman, cerchi di prenotare un taxi a sette posti, poi, per scrupolo chiedi:

«E sul treno dopo? Alle 11?»

«Certo, ci sono.»

Capite anche voi che a questa gente manca un po' di elasticità mentale.

Passiamo la notte a Grein, in una bizzarra fattoria.

A metà pomeriggio del terzo giorno, a un incrocio, aspetto il Bagna; distratto com'è potrebbe sconfinare in Germania senza accorgersene. Lo vedo arrivare trafelato: ha bucato la ruota posteriore. Cerchiamo di ripararla usando la bomboletta con il mastice. In perfetta sinergia, io gonfio e lui tocca il copertone comunicandomi la giusta pressione. Fatto. Ci diamo il cinque soddisfatti come il team della Ferrari in un pit stop da record e saltiamo in sella.

Appena il Bagna tocca il sellino, la gomma esplode.

Avvisiamo gli altri e Giorgio ci raggiunge. In tre, forse,

riusciremo a riparare la perfida gomma. Pur essendo dei meccanici provetti, ci mettiamo mezz'ora a sistemare la ruota, complice anche il fatto che comincia a piovere.

Raggiungiamo il resto del gruppo e sotto una bella pioggerella proseguiamo verso Linz, nostra meta di fine giornata.

A Linz assaggiamo una super torta e visitiamo il municipio, dove sul pavimento è stampata la mappa fotografica ripresa dall'alto della città. Bellissima e interessante; ci divertiamo a riconoscere i luoghi visitati e la strada che dovremo percorrere.

Quella sera, dopo un'altra fetta di torta, il nome originario del viaggio «Da Vienna a casa» viene sostituito con il più gastronomico «Dalla Sacher al risotto».

Il quarto giorno arriviamo a Passau, dove confluiscono e si mischiano le acque di tre fiumi: Danubio, Inn e Ilz. Lo spettacolo è notevole, per la portata d'acqua e i diversi colori della stessa. Anche la città è molto colorata e vivace. Siamo in Germania e qui finisce la ciclovia del Danubio, che di solito si percorre al contrario, seguendo la corrente.

Il Bagna ci lascia, deve tornare a Milano. È un uomo molto impegnato.

Ma è giunto il momento di aprire una parentesi riguardo al blog di Monica: *se ce l'ho fatta io.*

Se è vero che l'entusiasmo, la curiosità, il gusto e l'accettazione dell'imprevisto e della fatica ti fanno percepire la «normalità» in modo diverso, è anche vero che quel «se ce l'ho fatta io» non corrisponde al significato riconosciuto dai più.

Questa donna, non avendo all'apparenza un fisico da atleta, in realtà è dotata di una tecnica scanzonata che, ho scoperto, faceva invidia anche ad Armstrong, il ciclista, che ha dovuto doparsi per tenerle testa.

Il sesto giorno del nostro viaggio, Bruna, Cristina e Giorgio ci lasciano, così rimaniamo in tre: io e due super donne!

Subito ho la conferma che Monica e Annita hanno lo spirito giusto dei viaggiatori liberi. Vi faccio qualche esempio.

Salita apocalittica.

Io: «Porca vacca che fatica».

Loro: «Che bella salitona!».

Terreno accidentato.

Io: «Oh no, che mal di culo».

Loro: «Finalmente un po' di movimento».

Perdiamo la strada.

Io: «Porca puttana, altra strada da fare e altro tempo perso».

Loro: «Una bella variante al percorso».

Potete capire, e voi lettori normali capite, la mia perplessa frustrazione verso questo atteggiamento, encomiabile ma irritante, che ho dovuto subire per una settimana.

Arrivati a Udine, fortunatamente, ci hanno raggiunto Betta e Paolo, due tipi quasi normali dotati di biciclette super tecnologiche, che hanno proseguito con noi sino a Milano.

C'è da dire che, essendo arrivati a metà percorso, sono stati subito contagiati dallo spirito esagerato delle due super donne e mi hanno trattato come il brontolone del gruppo.

Dimenticavo: il secondo giorno che eravamo rimasti in tre, dopo essere passati da Salisburgo (bellissima città piena di musica, purtroppo rovinata da migliaia di turisti), abbiamo affrontato una tappa di montagna. In località Dorfgastein (ma mettetele al posto giusto 'ste vocali!) attraversiamo una galleria su strada normale con una piccola corsia dedicata alle bici. Appena entrati veniamo investiti da un tremendo rumore di auto e un freddo polare. Tra fuori e dentro ci sarà uno sbalzo termico di 20 gradi: 25 fuori e 5 dentro. Sono sudato, dovrei mettere la giacca a vento, ma penso che la galleria sia breve, quindi posso resistere.

Invece la galleria è lunga un chilometro e mezzo, e in salita. Ci vogliono sette minuti, li ho cronometrati, per uscirne.

Una volta fuori, ho gli occhiali brinati e il caschetto pare ricoperto di zucchero a velo. Probabilmente ho la pleurite. Annita e Monica escono ridendo e gridano: «Che bel freschino!».

Altro che se ce l'ho fatta io: dopo 600 chilometri di cui una metà passata sotto l'acqua, un terzo di sterrato, qualche sbaglio di percorso e un tot di salite, dobbiamo affrontare anche la salita delle salite in cui si sarebbe esaltato Pantani.

Per arrivare a Bad Gastein, nella valle di Gasteinertal (ma mettete a posto anche 'ste consonanti!) e prendere un trenino che ti permette di arrivare in Carinzia senza fare il passo, devi salire di 800 metri in pochissimi chilometri. Un gruppo di ciclisti tedeschi affronta assieme a noi il duro dislivello.

Siamo leggermente davanti a loro e non sappiamo come pedalano. Dopo circa cento metri ci sorpassa un baldanzoso teutonico... non posso permetterlo! Il mio spirito competitivo e la mia italianità mi spingono a ingaggiare la lotta. Nonostante il peso del bagaglio – lui ha una borsa in meno – lo affianco, lo supero e lo aspetto a metà salita. Lui arriva e io riparto. Lo supero nuovamente e, passandogli accanto, gli dico: «It's a very hard climb» (me l'ero preparata prima sfidando la sorte). Lui risponde bofonchiando e si vede che gli rode.

Arrivo in cima. Lui arriva cinque minuti e dieci secondi dopo (li ho contati) e mi trova rilassato, indifferente e fresco come una rosa. Mi ero rimesso in sesto e avevo asciugato il sudore per farlo soffrire ancora di più. Italia 10 (esageriamo) Germania 0. Che soddisfazione... Certo, per fare quella performance ho perso due anni di vita, ma ne è valsa la pena; questo fatto lo racconterò anche ai miei nipotini.

Dopo l'attraversamento del tunnel col treno una discesa incredibile ci porta ad affiancare un limpido fiume, forse la Slizza, alla fine del quale si trova la vecchia frontiera tra l'Italia e l'Austria.

Quando entriamo in Italia cantando l'inno nazionale sento un peso al cuore e alle spalle. Sarà stanchezza? Sarà perché sono passati già dieci giorni? Sarà perché siamo tornati in Italia? Poi capisco: è il peso dello spread. In dieci giorni è salito alle stelle. È il 30 maggio e il governo non c'è ancora. Mi scrollo di dosso questo dannato spread, tanto non so neanche come viene calcolato, e mi appresto, con le due wonder women, ad affrontare la ciclovia dell'Alpe Adria che ci porterà sino a Grado.

Siamo in Friuli. La natura è preponderante. Boschi, montagne, animali, fiumi e la ciclovia, ricavata dalla vecchia ferrovia, è la più bella che abbia visto. Attraversi tante piccole gallerie, ponti di ferro e stazioncine riconvertite che ti sembra di essere in un'altra epoca. I friulani poi, hanno qualcosa in più.

A Tarvisio, all'osteria Hladik veniamo sorpresi dall'ottimo cibo e dalla cordialità di Rinaldo, il proprietario. Conosciamo Paolo, che monitora orsi e linci nella grande foresta friulana e chiacchieriamo con l'unico sardo-bosniaco vivente. Spesso sono gli incontri che fanno il viaggio.

A Venzone, unica città interamente monumento nazionale, fedelmente ricostruita dopo il terremoto, comprendiamo appieno lo spirito friulano. Questa gente ha radici profonde ed è abituata a lottare; possiede qualcosa di importante che la maggior parte degli italiani sta perdendo: la capacità collettiva di decidere per il proprio destino.

Finita a Grado la ciclovia dell'Alpe Adria, siamo costretti da Monica a seguire la via Postumia.

La via Postumia è una divagazione e per seguire questa strada bisogna accettare questa filosofia: vagare e divagare.

Stai percorrendo una bella ciclabile ombreggiata e devii in una stradina sconnessa e assolata che zigzaga pericolosamente tra erbe alte e rovi: la via Postumia! Una strada romana, misteriosa e poco funzionale, che neanche Cortés coi suoi uomini avrebbe avuto il coraggio di percorrere.

Una via indicata da frecce gialle di varie misure, segnata a pennello dove capita: pali della luce, cartelli stradali, muri, guardrail, tronchi ecc. Neanche Jack Occhio di Falco riuscirebbe a seguirla senza problemi.

Nonostante tutto questo Monica vuole continuare a percorrere questa strada, disegnata dal figlio scemo del console Postumio, che, per non fargli combinare danni peggiori, l'ha messo a tracciare questa via e lui, con grande solerzia e poca attitudine, ha speso tutta la vita per completarla. Da Venezia a Genova. È morto a Sampierdarena che gli mancava un chilometro.

La vera storia, quella che non si racconta sui libri, narra che gli elefanti di Annibale non furono decimati dal freddo delle Alpi e della Pianura padana, ma dal percorso scellerato della Postumia, che li sfinì mortalmente.

Da cinque giorni seguiamo questa via e, dopo uno sterrato sassoso che ci permette di parlare solo tartagliando, una salita acciottolata apocalittica e un guado arrischiato da Paolo – che è entrato a mezza ruota e che, se cadeva, ci volevano i sommozzatori per recuperarlo –, il nostro gentile linguaggio si incrina e gli insulti si trasformano così: «Quella Postumia di tua sorella!», «Porca di quella Postumia!», «Ma vaffan'Postumia!». Questi epiteti scaturiscono limpidi dal cuore e ancor oggi fanno parte del linguaggio del gruppo che ha preso il nome di «quei bastardi della via Postumia».

Vicino a Verona, nel comune di San Martino, percorriamo un tratto di ciclovia dedicata a Pantani... Quanto ci ha fatto sognare!

La via Postumia ci ha fatto costeggiare tanti fiumi: l'Adige, il Mincio, il Po, dove abbiamo avuto dei begli incontri; l'Oglio, il Ticino sino a Piacenza, per seguire poi la via Francigena sino a Pavia dove, dopo una visita alla magnifica Certosa, abbiamo imboccato l'alzaia del Naviglio Pavese che ci ha fatto raggiungere la darsena in Milano.

Cento metri prima della darsena ci attende una sorpresa.

Mia mamma, sul lato destro della strada, sola e sorridente, ci accoglie sventolando la bandiera dell'Italia e dell'Inter (forza Inter).

Sono incredulo e commosso. Che bel rientro a Milano. Brava mamma.

Versiamo una bottiglietta d'acqua del Danubio nel Naviglio, sperando di non creare un disastro ecologico, ci salutiamo e Monica, che sembrava distratta negli ultimi chilometri, ci propone già una nuova avventura: girare la Tasmania in bicicletta!

Si può fare.

Accertiamoci però che in Australia non ci sia una via Postumia.

Correre e scorrere

Ho sempre amato correre in compagnia dell'acqua.

Che fosse il lungomare di Barcola a Trieste nella mia infanzia, o in vacanza il lungolago di Bled o di Stresa, lungo la Drau, la Senna o il Reno, correre vicino a un corso d'acqua mi ha sempre fatto sentire più sereno.

A Milano corro lungo i Navigli.

Qualche mese fa, in compagnia degli amici di almosthere ASD, la mia società, sono andato ad allenarmi sul Naviglio Grande, quello che parte dalla darsena e procede verso ovest, in direzione Abbiategrasso e Turbigo, fino a raggiungere il Ticino (da cui riceve le acque).

Era una sera invernale, fredda ma non umida. La bruma, che abitualmente circonda il canale, aveva lasciato spazio a un cielo limpido e senza stelle. Correvamo divisi in due formazioni, tra chi doveva fare delle ripetute e chi, come me, si limitava a mettere in cascina un po' di chilometri a passo medio. Il percorso è segnato ogni 500 metri, però nel buio si faticava a individuare le scritte gialle sull'asfalto. Ma ho corso qui talmente spesso che ormai conosco a memoria ogni metro.

Quanto si chiacchiera in serate come questa! Gli altri si chiedono come facciamo ad avere il fiato per parlare, e io mi chiedo come facciamo, alla lunga, ad avere ancora tante cose da raccontarci.

I Navigli mi affascinano.

Sono delle vie d'acqua create per far arrivare le merci dalle campagne in città. Il loro essere, in fondo, delle strade li rende ancora più compatibili con il mio andare. Proprio quella sera mi misi a riflettere sul legame che esiste tra il nostro correre e lo scorrere dell'acqua. Quasi come se noi scorressimo assieme a lei.

Gli inglesi hanno una bella espressione che descrive questa sensazione. Parlano di «to be in the flow», letteralmente «essere nello scorrimento» quando fai qualcosa in modo totalmente naturale e inconscio, quando le sensazioni prendono il sopravvento sui pensieri, l'istinto sulla ragione.

È un attimo.

Poi torni a correre, a pestare i piedi sull'asfalto, a prestare attenzione alle chiacchiere di chi ti sta a fianco. Ma per quell'attimo tu sei stato acqua. Con lei sei scivolato lungo i fianchi erbosi del canale, sotto i ponti illuminati di Milano, in direzione del fiume e, più in là, del mare. E il tempo è stato sospeso, non esisteva fatica, tu eri un tutt'uno con il mondo.

Oggi ho scelto di risalire la corrente di un corso d'acqua particolare. Si tratta del Ru Courtaud. I ru sono canali che i valdostani hanno costruito in passato per convogliare le acque dalle sorgenti fino ai terreni coltivati. In alcuni casi, come in quello del Ru Courtaud, l'acqua compie in leggera pendenza un viaggio lunghissimo (25 chilometri, dal ghiacciaio Ventina in Val d'Ayas fino al Col di Joux e da lì nei paesi sottostanti) per arrivare a valle. Stiamo parlando di un'opera colossale, iniziata nel 1393 e portata a compimento decine di anni dopo.

Ho deciso di seguire il ru a caccia di quella serenità che sempre l'acqua mi regala e che in questo ultimo periodo faccio fatica a trovare.

Inizio a correre svogliato. Lo scopo è quello di andare a

recuperare l'automobile che ho lasciato dalle parti di Saint Jacques in occasione di una precedente escursione. Quindi devo andare controcorrente.

Il primo tratto lo conosco piuttosto bene, l'ho percorso decine di volte, da solo o con i miei figli, raccogliendo mirtilli e fragoline per fare una crostata, oppure di ritorno dallo Zerbion. Da Barmasc in poi, invece, vado esplorando. So che finirò ai piedi della Falconetta, che vorrei scavalcare prima di arrivare al Col di Nannaz e da lì alla macchina seguendo al contrario il percorso dell'Alta Via.

Alterno tratti di corsa e cammino, seguendo un po' la pendenza e un po' l'estro del momento. Non ho fretta (mai avere fretta in gite di questo tipo) ma ho voglia di salire il monte, di vedere il mondo dall'alto.

È luglio, fa caldo. Fortunatamente, essendo intorno ai 1900 metri, non si soffre. Procedo di buon passo e supero molti gitanti. Il sentiero sul Ru Courtaud, proprio perché è sostanzialmente piatto, è la meta preferita delle famiglie.

Dentro di me ribolle un senso di insofferenza, di sordo rancore privo di un oggetto preciso. È come se avessi un conto aperto con la vita, di cui non so darmi ragione. Comunque è una giornata storta.

Mentre risalgo la corrente del ru, mi perdo a seguire i disegni che l'acqua forma nel suo scorrere. I giri attorno alle pietre o alle radici, le complicate circonvoluzioni, quando sembra quasi risalire nella direzione opposta e poi si avviluppa su se stessa e torna verso la destinazione finale.

Di nuovo, penso, c'è una lezione da imparare.

Siamo distratti dagli ostacoli, ma se riusciamo a essere coerenti con noi stessi, a mantenere una direzione generale, possiamo anche accettare di fare delle apparenti deviazioni intorno alle difficoltà che la vita ci pone davanti, salvo poi rientrare nel flusso. Si tratta di lasciarsi un po' andare. Evitando di fare resistenza e imparando a tenere d'occhio la corrente e non gli ostacoli.

Il ritmo del mio passo, il fluire dei pensieri, prendono la forma di una specie di poesia:

Non basta esser forti e non mollare mai.
Non basta essere un guerriero e lottare fino alla fine.
Non basta essere consapevoli dei propri mezzi e dei propri obiettivi.

La vita è una bastarda.
E di colpo tutto quello per cui avevi lottato svanisce.
Il tuo traguardo non c'è più.
I tuoi sforzi sono stati e saranno vani.

Allora scopri che la sfida vera è un'altra.
Raccogliere i pezzi e andare avanti.
Continuare anche se non hai più un obiettivo chiaro.

La sciocca formica è più forte dell'indomito samurai.
Non c'è saggezza nel combattere fino alla morte.
A volte è necessario lasciarsi andare.

Seguire il flusso della corrente,
godere degli incontri fugaci,
sfuggire ai rimpianti.

E lasciarsi andare...

Riprendo a correre con rinnovata serenità. Complice anche il pulsare del cuore in sintonia con il respiro, i muscoli fanno il loro lavoro.

Abbandono il ru e inizio a salire. Sono lento. Incolpo un po' la stanchezza dei primi chilometri, un po' quella dei giorni precedenti. Ma, sotto sotto, so che la lentezza è figlia dell'età. Non ho più il passo di un tempo, quando ogni salita era solo il pretesto per buttarsi giù lungo la discesa.

Mi prende, di nuovo, lo scoramento che mi ha tormentato prima.

Raggiungo due persone che mi precedono e che ho notato fin dall'inizio della salita. Sono un padre e una bimba piccola, che cammina a malapena. Sono francesi, ma riesco a scambiare qualche parola in inglese. Mi complimento per la bimba, che già così piccola cammina in salita. Il padre sorride e mi dice che è meglio abituarla da subito. Forse ha ragione. Non si tratta di allenarsi a fare qualcosa, ma di abituarcisi.

Ripenso agli ultimi dieci anni in cui ho sperimentato la corsa in montagna in tutti i modi, dai vertical agli ultratrail: cosa mi è rimasto di tutto ciò? Una grande fatica a salire un monte e i suoi mille metri di dislivello positivo!

La Falconetta (o Becca di Nannaz) fa parte del crinale naturale tra la Val d'Ayas e la Valtournenche e con i suoi 3010 metri è un punto di vista privilegiato sulle montagne attorno. Ancora un ultimo tornante e, spinto dalla rabbia delle mie considerazioni, lo supero di un balzo. In cima lo sguardo si perde e lo spirito si placa.

«Sto sbagliando il punto di vista» mi dico, «devo smettere di pensare al fatto che faccio più fatica di un tempo a salire in cima invece di godermi il fatto di esserci arrivato.»

E, d'improvviso, la decisione sul futuro è chiara.

Ho dato la mia parola e voglio partecipare al Tor des Géants a settembre, ma sarà l'ultima gara. Voglio vivere la corsa solamente come un divertimento. Basta allenamenti, basta appuntamenti fissi, basta inseguire una performance, basta confrontarmi con gli altri.

Immagino un mondo da percorrere al mio passo. Solo per il gusto di farlo. Per il piacere di sentire il corpo che risponde e il cuore che si integra con l'ambiente.

Immagino un mondo in cui i limiti si accettano e non si sfidano. Una corsa che è piacere e non sofferenza.

Sono lì, a portata di gambe, basta solo volerlo.

Sono sceso dalla Falconetta a cuor leggero, seguendo ombre di sentiero appena accennate, più tracce di animali che un vero itinerario. E infatti ho incrociato una famiglia di stambecchi e mi sono fermato per non disturbarli. Poi ho proseguito fino al Col di Nannaz e da lì, lasciando andare le gambe lungo la discesa, ho guadagnato rapidamente il fondo valle prima e l'automobile subito dopo.

È stata un'esperienza illuminante.

Da quel giorno ho smesso di confrontare tempi e dislivelli, di salire montagne a caccia di difficoltà estreme o di crono lusinghieri. Adesso cerco solo di vivere bene in un ambiente che amo. Mi piace essere allenato. Mi piace poter raggiungere in tempi ragionevoli luoghi lontani, ma non per l'ebbrezza dell'impresa, bensì solo per la gola di vedere di più, per la voglia di scoprire cosa c'è oltre quell'ennesimo colle.

Storie di uomini dimenticati: Maximilian Bircher Benner

La corsa crudista

Siamo in Svizzera, alla fine dell'Ottocento. Il dottor Maximilian Bircher Benner, colpito da un ittero restio a guarire nonostante l'uso di tutti i farmaci conosciuti all'epoca, ha un'intuizione geniale e decide di curarsi mangiando solo mele.

Incredibilmente guarisce.

La sua teoria, avvalorata in seguito da prove scientifiche, sostiene che i vegetali crudi accumulano ed elaborano la luce del sole trasformandola in energia e salute per chi li mangia.

Da qui, seguito da un gruppo di suoi allievi, si sviluppa il movimento crudista, secondo il quale si devono mangiare solo vegetali crudi, eventualmente frullati, macinati, essiccati, fermentati, ma non cotti a temperature superiori a 40 gradi.

Alcuni atleti, discepoli del dottore, fondano la FARC (Federazione Atleti Riconosciuti Crudisti), soprannominata FART dagli amici per via delle «emissioni». Si allenano con continuità e, nonostante qualche svenimento, ottengono buoni risultati.

Poco dopo, a causa di forti divergenze sull'uso delle penne d'oca, la FARC si divide. Alcuni atleti italiani estremisti puntano a nutrirsi solo di mele (risparmiando il picciolo e i semi) e creano la FIOM (Federazione Italiana Oltranzisti

Melariani). Le prestazioni sportive di questi atleti calano nettamente. Il loro sprinter di punta collassa dopo 80 metri. Decidono così di partecipare alle sole gare dei 60 metri piani, meglio se in leggera discesa.

(Intanto l'instancabile dott. Bircher Benner crea il muesli: perfetta miscela di cereali e frutta.)

Una forte divergenza all'interno della FIOM sull'uso delle mele renette fa sì che il gruppo si scinda ancora. Una parte di questo fonda la CISL (Confederazione Italiana Solo Liquidi).

Questi atleti, causa il deperimento fisico, sono costretti ad abbandonare l'atletica. Alcuni si danno alle freccette, ma vengono espulsi dai club perché troppo magri. Altri al curling, ma spesso vengono trascinati dalla pietra. Altri ancora alla pesca sportiva, e si contano sette annegati.

Solo uno eccelle e diverrà campione del mondo in una disciplina poco conosciuta: «Il gioco dell'immobilità».

(Intanto l'instancabile dott. Bircher Benner ispira Steiner, che sperimenta l'agricoltura biodinamica.)

Negli anni Venti, dopo una riunione burrascosa delle varie federazioni, si crea tra gli atleti una frattura insanabile e i superstiti fondano la UIL (Unione Italiana Lassaperdere). Il gruppo purtroppo si dissolve tristemente in breve tempo proprio perché fedele al suo motto.

Oggigiorno sappiamo per certo, grazie a questi pionieri, che i vegetali crudi sono ricchi di energia e salute, ma, chissà perché, le pillole continuano a farla da padrone.

La compagnia degli amici

Sta nevicando forte oltre gli 800 metri. Gianluca, compagno di corse ed esperto di montagna, mi chiama e mi dice: «Si va sul Bollettone?». Accetto subito. Mi piace correre sotto la neve e mi spronano le improvvisate.

Il Bollettone è un monte delle Prealpi comasche alto poco più di 1300 metri. Per raggiungere la cima ci sono vari percorsi e, una volta arrivati in vetta, si gode un panorama strepitoso.

Il ritrovo è alla Locanda dell'Alpe del Viceré, gestita da persone cordiali e ospitali che ci garantiscono sempre un appoggio sicuro e cucinano dei piatti succulenti.

Partiamo. Siamo io, Gianluca, il Buzz (che, secondo Gianluca, pratica una disciplina da lui inventata: la corsa con falcata assistita, ossia un misto tra marcia e corsa ingobbita di cui è l'unico interprete) e Niccolò, giovane entusiasta e dotato. Come sempre il Buzz rimane indietro, però ci siamo accordati di incontrarci in punti prestabiliti.

Nevica fitto e bisogna socchiudere gli occhi per vedere il sentiero, ma Gianluca lo può percorrere a occhi chiusi, lo conosce a memoria.

Sulla cima c'è molto vento, una piccola bufera. Aspettiamo il Buzz riparati dietro la croce e, quando lo vediamo arrivare (le spalle incurvate, gli abiti scuri, sembra una versione casalinga dello yeti), lo prendiamo a palle di neve. Lui non si fa certo intimidire e risponde al fuoco con veemenza.

Scendiamo correndo a perdifiato con la neve che ci arriva quasi al ginocchio... almeno a me, e tendendo agguati al Buzz. L'ultimo va a vuoto perché, come sempre, il Buzz si perde. Quest'uomo possiede l'incredibile capacità di perdersi ovunque.

Il giorno dopo Gianluca mi richiama e insieme risaliamo il Bollettone.

C'è un sole che spacca e la neve arriva alla vita... almeno a me. Non ci sono ancora tracce sul percorso. Siamo i primi a salire. Grandioso!

Sul monte Bollettone siamo saliti tante volte, con tanti compagni e in tutte le condizioni meteo.

Una volta, quando io, Gianluca e il Buzz ci trovavamo circa a metà percorso, è scoppiato un forte temporale. Tuoni, fulmini e acqua a catinelle. Il Buzz, esaltato dallo scatenarsi delle forze della natura e privo di buon senso, voleva arrivare a tutti i costi in cima. Il sentiero era già un torrente. Invece di camminare si poteva nuotare.

Io e Gianluca abbiamo dovuto faticare a riportarlo alla ragione e spegnergli quello sguardo folle che ha quando si intestardisce. Nonostante indossassimo il «guscio», il mio cellulare e quello di Gianluca sono annegati (non cito quello del Buzz, perché l'aveva pagato 29,90 euro).

Una volta arrivati alla locanda, anche se abbiamo allagato il locale, ci hanno fatto cambiare gli indumenti bagnati e poi rifocillati, sempre tenendo d'occhio il Buzz, che aveva ancora un po' di quello sguardo da serial killer.

Alcune volte siamo saliti sul Bollettone molto velocemente. In questi casi succedono fatti curiosi: sei in affanno, cominci una frase e non riesci a terminarla, ma nessuno te ne chiede conto. Oppure poni una domanda e chi deve rispondere, in affanno anche lui, lo fa dopo dieci minuti, e tu non ricordi più quale fosse l'argomento. Alle volte sei addirittura tu che ci metti così tanto tempo a formulare una domanda che a metà non sai più cosa stavi chiedendo. Non è demenza senile, è che in quelle occasioni è meglio stare zitti.

Altre volte siamo saliti sul monte di notte, con le frontali, per osservare il cielo stellato e le luci accese nelle valli. Di notte hai più percezione della terra. La calpesti e senti che è viva. Piena di animaletti, funghi, batteri, spore, vermi, ragni... come si fa a considerarla una cosa morta? A riempirla di veleni? La terra è viva, ci nutre e ci dà energia, è folle pensarla inanimata.

Su quei sentieri ho fatto molte considerazioni. Una di queste è che bisogna circondarsi di persone con cui stai bene. Anche nella corsa. Se no, meglio soli. Quando corri solo, il ritmo del corpo ti aiuta a prendere distanza dalla mente, che è sempre un buon esercizio.

Sconnessi e felici

Sabato mattina il dovere mi chiama. Più che il dovere è l'erba alta del prato in giardino che, se aspetto ancora un po', diventerà giungla e sarà protetta dal Corpo Forestale. Così mi armo di pazienza e inizio i lavori.

Alle 12.30 finisco e mi trovo davanti a un bivio: pranzare o seguire il richiamo dei monti?

Decido per una salita lampo al Monte Zerbion.

Il giro dello Zerbion è un classico delle mie gite annuali: parto da casa, compio mezzo giro del monte, salgo alla cima per il versante nordovest, ridiscendo verso il Col Portola e da lì proseguo fino a incrociare il Ru Courtaud, che seguo fino al Col di Joux, da dove ridiscendo verso casa.

Sette ore, più o meno, ma oggi non ho voglia di starmene in giro così a lungo, quindi prendo l'auto e vado direttamente a Barmasc, in modo da risparmiarmi un po' di dislivello e verificare se il versante nord è percorribile o se c'è ancora neve.

Avendo in mente un sopralluogo veloce, non ho zaino né bastoncini, quindi cercherò di salire e scendere il più rapidamente possibile. Lasciata la macchina e imboccato il sentiero, ricevo subito una doccia fredda: il cartello della segnaletica CAI indica 3 ore e 30 per arrivare alla vetta e 2 ore e 20 al passaggio intermedio del Col Portola. Strano:

l'unica altra volta in cui sono salito da qui con Mirco e Daniela mi sembrava di averci impiegato un'ora e quarantacinque minuti.

Poco male, di solito impiego meno di quanto scritto e comunque, anche se ci volessero tre ore, è solo l'una e il buio arriva dopo le 21. Così parto di buon passo.

Lungo questo sentiero, ogni anno, viene organizzata una Via Crucis che sale fino in vetta. Le tappe sono segnate su lastroni di ardesia sui quali sono incisi un'immagine della stazione e il relativo numero romano. Non sono a distanza regolare, ma so che la prima è in basso e la quattordicesima è in vista della vetta.

Come spesso mi accade, soprattutto nei weekend in cui ci sono molti gitanti, la salita è tutta un puntare gli escursionisti che mi precedono, raggiungerli e puntare poi i successivi. È un po' come girare le carte di un mazzo, non sai mai cosa peschi. E io mi diverto a collezionare «tipi da montagna».

Stazione IV: Gesù incontra sua madre.

I primi che supero sono una coppietta. Giovani, probabilmente intorno ai venticinque anni, decisamente non degli habitué dei sentieri. Lei indossa una gonna lunga fin quasi ai piedi, scarpe bianche da ginnastica e una maglia che non avrebbe sfigurato nelle vie del centro. Lui bermuda, maglietta e sneakers, ma lo tradisce lo zaino stile scuola.

Procedono lenti, anche se il tratto in cui li raggiungo è quasi in piano, lei davanti, lui dietro che sembra sospingerla. Non parlano, ma mi pare di sentire i loro pensieri: «Mi avevi detto che era una passeggiata», «Adesso spiana, ancora qualche metro. Mi ricordo che da piccolo mio padre mi portava sempre qui e salivamo senza problemi».

Li saluto e procedo. Dopo un paio di minuti non li sento più alle mie spalle, mi giro e non li vedo. Proseguo ancora un po', la salita si impenna, mi volto di nuovo e li scorgo ormai lontani.

Stazione VII: Gesù cade per la seconda volta.

Per forza è caduto, ci sono dei nevaietti da attraversare! Non grandi cose, ma ripidi. In salita non ci sono difficoltà, ma mi pongo il problema della discesa. Mi sa che dovrò fare dei pezzi con la tecnica «culo a terra».

Sollevando lo sguardo noto un uomo che spicca contro la roccia per lo zaino colorato. Accelero per provare a raggiungerlo, e in prossimità del Col Portola è ormai a pochi passi da me. La cosa mi riempie di soddisfazione (di quali piccole cose ci nutriamo noi esseri umani!). Attraverso l'ultimo nevaio prima del colle. Il sentiero passa per una piccola gola dove il vento si incanala e arriva gelido a rinfrescarmi. Appena scollino faccio la conoscenza di Lucy, una giovane ed entusiasta cagnetta che scorta l'uomo con lo zaino, che si è fermato per indossare la giacca a vento. Scambiamo due chiacchiere sul cane, mi augura buona passeggiata e io gli rispondo che ci rivediamo in vetta.

Nei successivi 20 minuti l'uomo e il cane mi tallonano, salvo rallentare quando si attraversano i tratti con la neve. Alla fine desistono e cambiano strada: avrà ceduto il bipede o il quadrupede? Io nutro pochi dubbi in proposito. I cani vanno dove sanno di poter andare, seguono l'istinto e non si fanno influenzare dal cervello. Noi esseri umani invece siamo schiavi della materia grigia e delle sue proiezioni.

Stazione XIV: Il corpo di Gesù è deposto nel sepolcro.

Inizio a sentire la stanchezza, ma vedo la cima e questo mi ridà la carica.

Mi trovo all'ultima stazione della Via Crucis, proprio prima dell'anticima. Davanti a me ci sono due persone, una sembra procedere più rapida mentre l'altra pare insicura, tanto che la prima spesso torna indietro di qualche passo, si fa superare e poi supera nuovamente il compagno.

Quando li raggiungo, proprio sotto la vetta, scopro che si tratta di padre e figlio (la madre è più avanti, farò la sua conoscenza in cima). Il padre è in difficoltà: è stanco e non procede sicuro sulla neve. Cerca conforto nel seguire le orme del figlio che lo incita e continua ad andare avanti e indietro con lo smartphone in mano per cogliere le inquadrature più «eroiche» del padre mentre compie l'impresa.

Provo un moto di simpatia per quella coppia particolare. Uniti da una passione che valica le generazioni, oltre che – ovviamente – dal vincolo di sangue.

Li supero prendendo un sentiero che non avevano visto e che aggira il nevaio, quindi arrivo ai piedi della statua del Cristo in vetta allo Zerbion prima di loro e riesco ad assistere al dialogo tra madre e figlio, con lui che le rinfaccia di non aver trovato la fontana promessa e lei che si difende dicendo che li aspetta da tempo in cima.

Nel cielo le nuvole coprono il sole e fa freddo, quindi mi fermo solo a fare una foto e riparto corricchiando in discesa. Al primo nevaio perdo l'equilibrio e scivolo. Nulla di grave, appoggio la mano e riacquisto la posizione eretta, ma è un monito: meglio camminare. Almeno sulla neve.

Durante la salita, via via che mi avvicinavo alla cima, incrociavo quelli che scendevano e adesso sono diventati i miei obiettivi (solito giochino che ti aiuta a mantenere elevato il ritmo): si prosegue con la collezione.

Stazione XIII: Gesù è deposto dalla croce.

Quattro amici. Nessuno è vestito con capi tecnici e procedono al piccolo passo. Li classifico come gitanti.

Proprio mentre li sto per raggiungere si fermano a osservare uno stambecco a una decina di metri dal sentiero. Io rallento per non spaventare l'animale, ma ci vuole ben altro per scalfire il suo aplomb.

«È quasi domestico» commento mentre raggiungo l'ultimo della fila, che mi risponde con una risata e avverte gli altri di cedermi il passo. Sento sulla schiena i loro sguardi che immagino di ammirazione (come sono vanitoso!), così raddrizzo le spalle e continuo a correre verso valle. Non sto andando particolarmente veloce, ma in pochi attimi li ho lasciati indietro.

Stazione XII: Gesù muore in croce.

Li avevo notati già mentre salivo. Due ragazzini belli arzilli con una donna (la madre?) che li seguiva. Subito dietro di loro, tre uomini che scendevano chiacchierando. Erano tutti coperti con giacche a vento e berretti (avevano appena lasciato la vetta) e procedevano spediti in discesa.

Li raggiungo appena ripassato l'imbuto del Col Portola, e noto che si sono cambiati, levandosi gli strati di troppo. I tre uomini, proprio sotto il colle, chiacchierano di musica operistica; la donna, una cinquantina di metri avanti a loro, segue i due adolescenti. È chiaro che è lei l'anima del gruppo, la più esperta. Quando arrivo alle sue spalle mi cede il passo e osserva il mio attraversare il nevaio più ripido. Faccio attenzione (beata l'età che ti insegna la prudenza), ma i due ragazzi mi seguono veloci e distratti e uno inizia a scivolare, sbeffeggiato dall'altro. La donna, senza perdere la calma, dice al secondo di stare zitto e al primo di fare attenzione, di bloccarsi con le mani su una pietra sporgente e da lì traversare dritto per uscire dal nevaio.

Io mi sono fermato per vedere se avessero bisogno d'aiuto, ma lei ha il controllo completo della situazione, così proseguo la discesa.

Stazione VIII: Gesù ammonisce le donne di Gerusalemme.

«Il dramma è compiuto» penso tra me osservando la scena. A bordo sentiero siedono i due ragazzi che per primi avevo superato nella salita. Hanno terminato la prima sezione del percorso e si sono fermati dopo il primo nevaio. Lui la abbraccia protettivo, lei nasconde il volto (in lacrime?) al mio passaggio.

C'è un modo di dire a Trieste che mi ha sempre fatto ridere: «Cicio no xe per barca» (Cicio non è adatto alla barca). Non si parla di un «Francesco» (Ciccio) che soffre il mal di mare, ma di una popolazione slava (i Cici, appunto) che tradizionalmente praticavano la pastorizia e l'agricoltura nell'entroterra e, per questo, erano guardati dall'alto in basso dai triestini (uomini di mare).

È sciocco, lo so. Ma provo un moto di ammirazione per la ragazza e un moto di stizza per il ragazzo (è sciocco perché loro non hanno detto niente e sono io che li ho resi protagonisti di un film nella mia testa). La montagna è bella sia che attraversi un bosco sia se sali una cima. Perché bisogna per forza tentare di fare qualcosa di esagerato rispetto alle proprie condizioni fisiche?

La visione romantica dell'Uomo (romantica non nel senso di cuoricini rosa e baci Perugina, ma nel senso letterario del termine, lo Sturm und Drang di Goethe e Schiller) lo vede lottare contro l'Alpe per conquistare la vetta. Forse aveva un senso nel tardo Settecento, ma oggi, con le funivie e gli elicotteri, con il mondo addomesticato, cosa dobbiamo ancora dimostrare?

Godiamoci la Montagna per quello che possiamo rispettosamente cogliere, in base alle nostre capacità e senza voler dimostrare niente a nessuno. Lo Zerbion tra qualche migliaio di anni sarà ancora lì, noi saremo solo polvere.

Stazione II: Gesù è caricato della croce.

Abbandonate queste riflessioni filosofiche, e un po' spocchiose, mi rimetto a correre (regola n° 63). Il mio prossimo obbiettivo è il tricolore: un signore che indossa maglia bianca, pantaloni verdi e zaino rosso.

Quando lo raggiungo, noto che sta parlando ad alta voce. Capita spesso anche a me di parlottare mentre percorro in solitaria un sentiero, ma si tratta più che altro di pensieri mormorati a mezza voce, non di discorsi fatti e finiti enunciati con voce stentorea.

Il mistero è svelato quando, superandolo, intravedo l'auricolare e capisco che sta parlando con un amico al telefono. Discutono di traslochi e di gru, di tariffe e di consigli su chi chiamare. Lo saluto con un cenno della mano (cui mi risponde ad alta voce stupendo, immagino, il suo interlocutore) e continuo a correre fino al parcheggio.

Dopo una ventina di minuti, in cui mi compiaccio del poco tempo impiegato a salire e scendere, indosso una maglia asciutta, bevo e, cosa più importante, trovo un posto per una pisciatina impellente, lo vedo arrivare e dirigersi alla macchina parcheggiata a fianco alla mia. È ancora al telefono, sempre con la stessa persona (avevo sentito che si chiamava Mario), ma ora parlano di una cena a cui l'amico era invitato. Sorridendo sono salito in auto, l'ho salutato e sono partito.

Uno degli aspetti che amo di più della montagna è la possibilità di scollegarsi dal mondo: vivere solo il momento e dimenticare quello che succede altrove. Porto sempre con me il telefono come uno strumento di sicurezza, ma lo uso soprattutto per fare foto.

Amico tricolore, che hai passato un'ora della tua gita conversando con Mario come se fossi al bar, magari la prossima volta invitalo a venire con te. La montagna va goduta, in solitaria o in compagnia, ma di certo non al telefono.

Due università americane (University of Utah e University of Kansas) hanno fatto uno studio interessante. Hanno formato dei gruppetti di persone e le hanno mandate a trascorrere un periodo di quattro giorni in aree selvagge, a contatto con la Natura. Una specie di vacanza con escursioni, vita di campeggio, attività all'aperto. L'unica condizione imposta era di non portare smartphone, laptop o tablet.

In tutto si trattava di qualche decina di volontari che si sono sottoposti a un test per misurare le capacità cognitive complesse (cioè, in buona sostanza, la capacità di comprendere un problema ed elaborarne una soluzione o spiegazione). Metà di essi è stata sottoposta al test prima di partire e metà dopo la breve vacanza. I risultati sono stati sorprendentemente migliori per questi ultimi (mediamente una performance superiore del 50%) rispetto a coloro che aveva effettuato il test prima.

In poche parole, l'essere costantemente connessi (e distratti) da una «appendice» digitale limita le nostre capacità o, forse meglio, distrae una parte importante delle nostre capacità che sono usate per compiti sostanzialmente inutili (tipo aggiornare lo stato su Facebook o controllare il profilo della fidanzata su Instagram) rispetto ai compiti cui il nostro cervello dovrebbe sovraintendere.

Io non sono uno scienziato, ma voglio aggiungere una riflessione basata sulla mia esperienza.

Il vivere in un ambiente naturale (e non in quello artificiale della città con le sue luci elettriche, l'aria condizionata, le strade piene di auto) ci permette di scoprire quello che il nostro corpo sa fare: distinguere un profumo, cogliere un suono, percepire un cambio di temperatura.

E oltre ai cinque sensi classici, a forza di andare scopriamo che abbiamo sensi ancor più utili e importanti, che sanno comprendere i segnali della fame, della fatica, del dolore.

Noi occidentali tendiamo a considerare il cervello come l'unico strumento per interpretare la realtà, ma troppo spesso questo ci induce in errore. Dovremmo imparare a fidarci dei segnali che ci invia il nostro corpo e a compensare con l'istinto lo strapotere della nostra parte razionale.

Back to the Nature!

Storie di uomini dimenticati: Tersite

Stregati dalla Luna

Fin dall'antichità la Luna ha esercitato sull'uomo un fascino incredibile. C'era chi la credeva una divinità, chi le attribuiva poteri magici, chi la collegava alla fertilità femminile. Anche in campo sportivo ha avuto un ruolo importantissimo, soprattutto nella storia di un'antica famiglia di atleti le cui origini si perdono ai tempi dei Greci.

Nel V secolo a.C. si narra di un tal Tersite che era stato arruolato dagli ateniesi come emerodromo, uno di quei messaggeri capaci di correre senza sosta coprendo distanze enormi. A Tersite venne affidato il compito di chiedere aiuto a Sparta la sera prima della famosa battaglia contro i Persiani. Purtroppo, confuso dalle ombre generate dalla luna piena, Tersite perse la strada e venne catturato dai nemici che lo usarono come toy boy per l'intera notte, liberandolo solo all'alba davanti al campo degli ateniesi. Il generale si arrabbiò così tanto che sconfisse i nemici, ma quando si trattò di mandare qualcuno ad avvisare Sparta dello scampato pericolo preferì Fidippide (che divenne il primo maratoneta).

Tersite tornò al suo villaggio, dove venne trattato come sciamano anche perché ogni notte di luna piena si lamentava a gran voce.

Tra i suoi discendenti si mise in luce un certo Aldus

Pedolungus, figlio di una popolana romana di Testaccio e di uno schiavo greco (uno dei primi immigrati clandestini). Il ragazzo doveva il suo nome alla misura abnorme dei suoi piedi che lo rendevano oggetto di scherno tra i ragazzi e di curiosità tra le ragazze (che s'immaginavano fosse proporzionato in «tutte, proprio tutte» le estremità). Grazie al 49 di piedi Aldus era in grado di correre molto velocemente (a differenza del suo avo, che era molto resistente ma lentissimo). Durante i giochi dedicati a Selenia, la dea Luna, di inizio febbraio, partecipò alle gare di corsa. Queste competizioni si svolgevano all'interno degli antichi stadi e al posto del doping venivano usate delle fiere. Gli atleti correvano nudi: otto atleti e sette leoni, vinceva chi restava vivo.

Aldus sconfisse tutti gli avversari, ma nella prova finale inciampò nella lunga appendice che tanto lustro gli aveva dato tra il pubblico femminile, cadde a terra e venne mangiato da una leonessa cartaginese. A vincere la gara fu un tale Spartaco, che poi venne fatto schiavo ma si ribellò.

Aldus aveva lasciato una progenie talmente vasta che si fa difficoltà a seguirne le tracce, ma sembra che durante le campagne militari in Gallia avesse ingravidato la figlia del capo di un villaggio (tal Abraracourcix). Tra i barbari non si dava molta importanza alla promiscuità, così il nipote del capo, cui era stato dato il nome di Boltolix, crebbe felice facendosi subito notare per le sue doti atletiche. Influenzato dalla credenza, piuttosto diffusa tra i Galli, che il cielo potesse cadergli in testa, usava un copricapo a forma di cono che avrebbe dovuto bucare la volta celeste se fosse riuscito a centrare la luna (da questo la sua abitudine a girare solo di notte).

Conteso a lungo tra l'allenatore della squadra dei giochi olimpici e l'organizzatore di sfilate di moda, Boltolix fuggì con un pellerossa della tribù dei Chippewa che gli promise di portarlo «dove la luna non tramontava mai» e che invece lo diede in sposo alla sua vecchia sorella Luna Nel Pozzo.

Dobbiamo fare un ulteriore balzo avanti nel tempo per ritrovare un altro discendente: si tratta di Cornelius «The Hammer» Smith. Un nero gigantesco abitante a New Orleans dove praticava il mestiere di fabbro e, nottetempo, si dilettava di pratiche magiche.

Essendo un cultore delle leggende familiari, Cornelius si era intestardito a cercare la pozione magica della velocità in modo da far vincere a suo figlio Cornelius «Little Hammer» Smith Jr i giochi confederati. In effetti, miscelando al chiaro di luna della polvere presa dal manto di una cavalla appaloosa con le urine di un cervo wapiti, aveva creato un intruglio che metteva le ali ai piedi per 24 ore (e obbligava poi a fermarsi al bagno ogni due ore per le successive 48).

Cornelius Jr, grazie alla scoperta del padre, vinse i giochi confederati e venne premiato dal Governatore, raggiungendo una chiara fama anche per via di alcuni articoli apparsi sui giornali degli Stati Uniti. Abbandonata l'attività sportiva, impegnò i premi ricevuti e aprì a New York una rosticceria specializzata in alette di galletti fritte che presto raggiunse una discreta notorietà (si parlava di un ingrediente segreto preparato da Cornelius Senior che rendeva particolarmente croccante la pelle del pollo). Ma un certo Colonnello Sanders si introdusse nottetempo nella rosticceria, rubò la salsa magica e fondò una catena che ebbe successo in tutto il mondo. Cornelius Jr, amareggiato, si ritirò in campagna ad allevare topi muschiati da corsa.

E arriviamo finalmente ai nostri tempi.

Durante la Seconda guerra mondiale, un giovane marine sbarcò a Napoli con le truppe alleate. Si chiamava Paul Anke Smith, amava in egual misura la velocità, le donne e il buon cibo. Appena sbarcato capì che aveva trovato il paradiso: si sposò con una certa Giuseppina Esposito, lanciò la moda della carbonara (miscelando le razioni K americane e gli scialatelli campani), gareggiò con i colori della marina statunitense battendo, tra gli altri, un giovane Antonio De Curtis, che giunse secondo nel miglio, e abbandonò l'atletica per darsi al cinema.

Paul era soprannominato «o' lupo mannaro» perché quando correva nei meeting serali (specialmente con la luna piena) era una furia e teneva lontano gli avversari a morsi. Durante una gara particolarmente vibrante non si fermò al traguardo ma corse fino al bosco e non diede più notizia di sé.

La moglie, che era incinta, cercò un sostituto e si sposò con tal Pierino Minetti, un ragioniere di Foggia, che fece da padre al giovane Alberto, scarsissimo atleta ma grande mente. Questi, affascinato dai racconti della madre, volle provare una sua teoria particolare. Era convinto che portando in tasca delle pietre lunari sarebbe sfuggito alla gravità terrestre e, pertanto, avrebbe potuto correre più velocemente.

La sua teoria, tanto strampalata quanto di difficile attuazione, venne presa seriamente dalla FIDAL, che nel centro di Formia sperimentò a lungo l'influenza delle pietre lunari sulle performance dei mezzofondisti (si dice che persino Mennea portasse al collo un ciondolo lunare ai tempi del suo record mondiale sui 200).

Un capitoletto dei suoi studi, nel quale si trattava della gravità lunare e di come questa avrebbe reso possibile a un uomo correre sull'acqua, valse al professor Minetti l'IG Nobel (in italiano Ignobel), che premia ogni anno i dieci ricercatori che hanno dimostrato le tesi più assurde.

Attendiamo con trepidazione i risultati sportivi della giovane figlia di Minetti che, seppur solo treenne, non ha avversari a «rubabandiera» e «ce l'hai tu».

Badwater: la valle dei coyote

Non potendo fare certe cose, ma essendone affascinato, seguo chi ne è capace.

La meta è la Death Valley, California, dove si corre una mitica ultramaratona. Il gruppo è formato da Simone Leo, che correrà la scriteriata gara, Gianluca, compagno di sempre, Anna e Lucia, che guideranno la crew. Nella seconda macchina Giacomo, re dei social, Giorgio e Cico ci terranno d'occhio da lontano. (Avrei voluto far parte di questo gruppo più «leggero», ma il caso mi ha guidato altrove.)

Arriviamo a Los Angeles. Abbiamo tre giorni per smaltire il fuso e visitare i dintorni.

Simone è tranquillo.

A Los Angeles e dintorni c'è un traffico impressionante. Neanche a Napoli c'è tanto caos. Facciamo un giro a Malibu, mitica spiaggia di surfisti, dove troviamo gruppi di ragazzi che, invece di fare scuola calcio, come da noi, fanno corsi estivi di surf. Passeggiamo per Venice Beach, bizzarra cittadina nata su una spiaggia magnifica. Sul vialone principale si trovano aree attrezzate per qualsiasi sport: pallacanestro, tennis da spiaggia, body building, pallavolo, skate. Decine di ragazzi si sfidano nei vari sport e una bambina, che può avere sette o otto anni, fa delle evoluzioni incredibili con lo skate attirando l'attenzione e suscitando stupore nel pubblico. Artigiani improvvisati, musicisti e sballati chiudono il cerchio di questa variopinta cittadina.

Facciamo una sosta anche negli Studios della Universal, un grande e magnifico baraccone.

Il quarto giorno partiamo per la Death Valley e cominciamo a entrare in clima gara.

Simone è tranquillo.

Ci sono territori che ci attraggono per l'esplosione di vita che vi si trova, e altri per l'assoluta mancanza.

La Valle della Morte corrisponde alla seconda categoria. Un luogo desolato, in apparenza privo di vita, con l'aggravante dell'alta temperatura.

Quando scendiamo dalla macchina ci investe un calore immenso; come quando apri il forno per togliere una torta o l'arrosto. Solo che qui non puoi ritrarti, il calore è tutto attorno a te. La pelle brucia, gli occhi scottano, se hai addosso anelli o l'orologio li devi togliere perché scottano. Il cellulare va in tilt.

In questo ambiente, che definire proibitivo è un eufemismo, organizzano la Badwater: una gara di 217 chilometri, con 4400 metri di dislivello da correre in un forno. Per uno come me che ama gli alberi, i prati e l'ombra, è l'ambiente più ostile che potesse capitare... e ho scelto io di venire qui!

Alloggiamo a Furnace Creek, una delle depressioni della valle. Potete immaginare dal nome le condizioni di questo posto. Qui vivevano gli indiani Shoshones.

Mi sono sempre chiesto, quando sono stato in questi luoghi estremi, cosa spinga gli uomini ad abitarli.

Con tutti i posti piacevoli che ci sono al mondo, e ce ne sono tanti, c'è gente che preferisce vivere nell'estremo. Se vieni costretto dagli eventi, lo capisco, ma se devi scegliere: perché?

Il serpente a sonagli si è evoluto per vivere nel deserto, il fennec pure, lo scorpione anche, ma noi? Abbiamo la pelle che al sole si brucia, la testa bolle, il corpo che, a differenza del topo del deserto che beve la rugiada quando c'è, ha bisogno di litri e litri di acqua per non incartapecorirsi... cosa mai ci facciamo nella Death Valley? Per me è un vero mistero.

Il giorno prima della gara facciamo un giro alla Red Cathedral. Una formazione di roccia rossa impressionante. È come passeggiare in un altoforno. Se non bevi a sufficienza ti asciughi e tendi ad assomigliare alla mummia di Nefertiti. Anche Zabriskie Point è un posto molto affascinante, dove 25 milioni di anni fa c'era l'oceano; le rocce sedimentarie emerse hanno colori spettacolari: verde, rosso e giallo.

Quando torniamo alla base ci sono 122 gradi Fahrenheit, che corrispondono ai nostri 50 gradi. Non ci si può credere che qui in inverno nevichi e vada sotto zero!

Simone è tranquillo.

Arriva il giorno della gara.

È segnalato un caldo anomalo in California. I giorni della competizione, tanto per renderla più facile, saranno i più afosi dell'anno.

Si organizza la macchina d'appoggio, già tatuata di adesivi. Abbiamo 150 litri d'acqua da bere, ghiaccio, cibo, spruzzini per rinfrescare (ne abbiamo comprato uno da spalla di 10 litri da giardino), mappe, indumenti, creme per il sole, connessioni satellitari: sembriamo proprio organizzati bene.

Un coyote si aggira interessato attorno al veicolo. In questi giorni ne abbiamo visti parecchi. Anche il famoso beep beep, che è molto più alto dell'originale, dicono si veda spesso.

Si parte da Badwater, 282 metri sotto il livello del mare, in tre ondate (che sarebbero le famose wave). Simone è nella seconda, alle 21.30.

Con lui parte un altro italiano, Julius, ultra runner zen, seguito da suo fratello Ivan e da Popof, che è una fucina di battute e portatore di allegria. Dopo noi partirà Michele, top runner e cultore di ogni dettaglio.

Simone è tranquillo.

C'è molto entusiasmo per l'avventura che ci attende, e finalmente eccoci sulla strada. Simone parte di buon passo.

È notte, ma ci sono 47 gradi. È come viaggiare con un fon puntato in faccia.

Un atleta che si attarda viene attaccato da un gruppo di coyote e deve cedere le sue scorte di barrette per riuscire a liberarsene. Non credo che ce la farà a finire la gara, anche perché i coyote, soddisfatti dalla scelta, lo tallonano fiduciosi.

La notte passa tra un colpo di sonno e l'altro e l'alba sorprende i runner già provati dallo sforzo termoregolativo.

La luce dà la carica a Simone, che corre un buon tratto con Julius. Noi dobbiamo fermarci spesso per rinfrescare e abbeverare (sono solo i cavalli che si abbeverano?) Simone. Fa così caldo che ogni cinque minuti il ghiaccio nel cappellino evapora.

Un crotalo morsica un atleta australiano che neanche se ne accorge. Il serpente lo guarda allontanarsi perplesso, dubbioso sull'efficacia del suo veleno, così cerca di mordere una runner boliviana che, rapidissima, lo afferra e lo lancia a una decina di metri. Questi due corridori mi fanno paura.

Simone non è più così tranquillo.

A tarda mattina, vicino a Stovepipe (che significa tubo da stufa), ci sono 49 gradi e sembra proprio di essere in un tubo rovente. Continuiamo a spruzzarlo di acqua fredda e a idratarlo, ma anche i frigoriferi che abbiamo in macchina si lamentano per il caldo.

Intanto due ultra runner evaporano (mi ero dimenticato di dirvi che la gara è tutta su asfalto) senza lasciare traccia, se non un paio di baffi il maschio e delle unghie finte la femmina.

Nel primo pomeriggio Lucia corre con Simone per dargli un po' di conforto e per fargli capire che non è un incubo da dormiveglia, ma la sacrosanta realtà.

Intanto ci sorpassa l'atleta con al seguito i coyote. Non sembra preoccupato.

Alle quattro del pomeriggio ci sono 51 gradi e il sole è così potente che crea dei miraggi. Un corridore viene fermato dalla sua crew mentre vaga per il deserto in cerca dei sette nani. Non si riprenderà più.

Passiamo il Townes Pass a circa 1300 metri e scendiamo in una pianura infuocata. Ci sono 53 gradi! Simone è molto provato, ma resiste indomito. Io sono un po' meno indomito ed è da un po' di chilometri che sogno quella grande invenzione che si chiama aria condizionata.

Superiamo un atleta che canta a squarciagola *Il torero Camomillo*, pensando di essere allo Zecchino d'Oro (tra l'altro canta malissimo). I suoi compagni, imbarazzati, cercano di calmarlo a schiaffoni.

Alle 17 superiamo la metà della gara e arriviamo a Panamint Springs, un avamposto che dà il via alla salita che porterà al passo omonimo a 1800 metri.

Simone cammina.

Ho gli occhi che bollono, non riesco a tenerli aperti. Li bagno spesso e sposto la veletta del cappellino in avanti per proteggerli dal vento caldo, ma serve a poco. Mi sento così a disagio che chiedo di lasciare la crew. Rimarrebbero in tre e dovrebbero riuscire lo stesso a dare assistenza a Simone, ma un ritiro a metà non si dovrebbe fare: lasciare i compagni e Simone a cavarsela senza un altro aiuto. Nonostante questo, li abbandono.

Gianluca riparte con Simone.

Rimango solo un paio d'ore e continuo a pensare alla mia dipartita, in senso lato. Possibile che sia così rinunciatario? Possibile che non riesca a superare queste, seppur esagerate, difficoltà? Possibile che pensi sempre al peggio? Possibile che mi manchi spesso un po' di coraggio?

Mi vengono a recuperare Giacomo e gli altri. Andiamo a Lone Pine, dove sosteremo alla fine della gara perché, comunque sia, Simone non mollerà. Lone Pine è una cittadina western piena di saloon con foto di attori e film d'epoca alle pareti.

Verso le dieci di sera scopriamo che sta arrivando al traguardo Michele. È solo davanti a tutti. Prendiamo la macchina e andiamo a Whitney Portal, dove si trova l'arrivo, a 2500 metri. Incredibilmente fa freschino, ci vuole la felpa. A un quarto a mezzanotte arriva Michele e vince in 24 ore e un tot questa durissima gara. Lancia un grido liberatorio e abbraccia i componenti della sua crew... mentre io li ho abbandonati.

Voglio tornare da loro, ma sino a domani non sarà possibile.

Alle 8 di mattina sappiamo che per loro è stata una nottata dura. Simone, accompagnato da Gianluca, ha alternato corsa e cammino su questi lunghissimi rettilinei in saliscendi che fiaccano anche lo spirito. La seconda notte senza dormire.

Ho deciso di incrociarlo e, con la sua approvazione, correre con lui questo ultimo tratto di gara.

Mentre lo aspetto vedo due atlete svizzere sedute sulle rocce con degli asciugamani attorno alla vita. Credono di essere in sauna e conversano allegramente. Non arriveranno al traguardo.

Ecco Simone. Sono le dieci e trenta. Lo affianco e continuiamo assieme.

In questi ultimi venti chilometri ci sono 1500 metri di dislivello, che dopo aver già percorso 200 chilometri non sono proprio una scampagnata.

Gianluca dorme in macchina, provato dalle notti passate in bianco. Le due ragazze sono attente e vigili. Non c'è storia, le donne hanno qualcosa in più.

Incontriamo ancora l'atleta coi coyote. Sta ballando con loro in una pessima imitazione di *Balla coi lupi*.

Il paesaggio cambia. Cominciano a vedersi macchie d'alberi e un torrentello che scorre a lato strada. Propongo a Simone di immergersi per rinfrescarsi, ma lui ha paura di non riuscire a rimettersi le calze e le scarpe. Ha troppe vesciche. Con l'asfalto che supera i sessanta gradi, i piedi diventano come delle patate lesse.

Simone è bello cotto.

Si sale costantemente. La temperatura diminuisce. Ci sono «solo» 39 gradi, e il sole non dà tregua.

Incrociamo una ragazza americana col suo pacer. Parla con un cagnolino immaginario. Guardo Simone di sottecchi e ogni tanto lo interrogo; fortunatamente risponde in modo sensato... più o meno.

La salita è più dura del previsto, ma finalmente arriviamo a un chilometro dal traguardo. Tutto il gruppo si mette a fianco di Simone e, colpo di scena, scoppia un temporale esagerato. Acqua a catinelle e grandine, fortunatamente di piccole dimensioni. Così, incredibilmente, dopo 42 ore di caldo insopportabile, Simone taglia il traguardo bagnato e infreddolito. Probabilmente neanche se ne accorge, tanto è felice di aver portato a termine la ultra più dura al mondo.

Ci abbracciamo. In queste gare la crew è molto importante e il gruppo di Simone ha fatto un gran lavoro.

Su cento corridori ne tagliano il traguardo sessantasei. Tre atleti italiani hanno partecipato a questa edizione e tre l'hanno portata a termine. Uno di loro l'ha vinta. Onore e gloria alla tenacia.

Mentre torniamo verso Los Angeles, troviamo un runner disperso che si crede un indiano Shoshone. È in perizoma, ha le pitture di guerra, una specie di scure di pietra e grida come un matto. Guardo attentamente Simone e gli racconto una barzelletta. Ride. Buon segno. L'umorismo è indice di sanità mentale. Gianluca rimane serio... sono un po' preoccupato.

Simone se la gode.

L'ottovolante della speranza

Spesso la corsa è un piccolo laboratorio dove testare situazioni, comportamenti, emozioni che poi ti trovi ad affrontare nel quotidiano.

C'è un aspetto peculiare della vita del podista che mi interessa particolarmente: il rapporto con la speranza. Magari per qualcuno potrà apparire un'esagerazione, ma per chi corre la disperazione è collegata all'infortunio.

Quando stai bene ti senti dio in terra: le gambe girano, il cuore pompa, tutto il corpo è una macchina perfetta che ti permette di fare l'attività che ami e ti ricompensa con scariche di endorfine (un ormone collegato al senso di appagamento).

Poi ti infortuni. Può essere qualsiasi cosa, un tendine che fa le bizze, la schiena (ché non hai più vent'anni), o anche una semplice bronchite che ti taglia il fiato. Allora nulla va come prima, fatichi a tenere il passo con gli altri, sudi il doppio del solito, il fiato è corto. In pratica il tuo corpo, che prima ti era alleato, ora diventa un pesante marchingegno che fatichi a trascinare.

In questi momenti tocchi il fondo della disperazione. Tanto prima stavi bene, tanto adesso soffri la nostalgia di quello stato perfetto. E senti che nulla potrà mai tornare come prima...

Lo so che state tutti sogghignando: quelli che corrono perché si sono riconosciuti; quelli che non corrono perché pensano: «Vedi che la corsa fa male! Questo si è giocato i neuroni».

Poi il tendine si disinfiamma, la schiena torna a essere rigida ma non indolenzita, la bronchite se ne va. E via si riparte con i picchi di endorfine, la felicità con le scarpette ai piedi, la fiducia di chi si sente dio in terra. Noi podisti conosciamo bene l'ottovolante della speranza. Sappiamo che in pochi giorni si passa dal buio più assoluto ai momenti luminosi. E sappiamo pure che questo capita a prescindere da ciò che facciamo. L'unica cosa importante è continuare a correre. Non demordere.

Con l'avanzare dell'età, quello che prima ti capitava in un ciclo di allenamento di tre mesi, adesso accade in un tempo sempre più breve.

Facciamo un rapido excursus tecnico.

Un ciclo di allenamento sfrutta la capacità del corpo umano di adattarsi. L'allenatore (che di base è un sadico) impone lavori sempre più duri in modo che l'apparato muscolare e quello cardiorespiratorio si adattino al nuovo livello di performance. Distanze più lunghe per i maratoneti e velocità maggiori per i mezzofondisti.

Per noi tapascioni, di solito, è un mix delle due cose: devi sviluppare velocità (in modo da non finire la gara quando tutti se ne sono andati) e resistenza alla fatica (perché se non è lunga almeno 21,097 chilometri noi non ci muoviamo).

Un ciclo di allenamento, visto da un tapascione, si divide in sei fasi:

Fase della Fatica: tutto è difficile, dal piegarsi per allacciare le scarpe a correre per 60 minuti di seguito. Questa fase può durare a lungo, ma – generalmente – per i runner di ritorno (cioè quelli che entrano ed escono dalla forma con l'esasperante regolarità di un pendolo) si tratta di una fase passeggera e veloce.

Fase dell'Adattamento: è il periodo in cui, appena ti sei

abituato a finire un certo lavoro (che ne so, i 5 x 1000 o i 10 chilometri di medio con variazioni) scopri che la carogna che ti allena ha aggiunto una ripetuta o allungato una seduta. Ma allo scoramento iniziale subentra l'euforia del sopravvissuto: nonostante si corra più a lungo o più veloci, si riesce lo stesso a fare gli scemi in pizzeria dopo l'allenamento.

Fase dello Scoramento: la fatica comincia a farsi sentire, il carico dei lavori che spinge il corpo fuori dalla sua comfort zone accumula stress a livello mentale (e scorie a livello fisico). Fai fatica a addormentarti e quando ti svegli ti sembra di non aver dormito. Ad aggiungere il carico da novanta, non riesci più a correre con lo stesso sforzo alle velocità che tenevi all'inizio della fase di adattamento. E inizi a pensare: «Ma se più mi alleno più fatica faccio, non sarebbe meglio non allenarsi?».

Fase della Eccitazione: il corpo si è adattato, sei salito di un gradino verso la forma, adesso corri con maggior semplicità a ritmi che prima ti facevano morire. Lo riconosci perché fai battute ma i soliti amici non riescono a rispondere (e se anche lo facessero basterebbe calare di 10 secondi al chilometro e ogni velleità sparirebbe!). Dio come godi! Adesso tutto sembra facile e raggiungibile, quando ti propongono una sfida li guardi con sufficienza e commenti: «Ti batto anche senza riscaldamento», e infatti...

Fase dell'Infortunio: ci passiamo tutti, chi più spesso chi meno, chi in modo più grave chi in modo più lieve, ma nessuno ne è immune. L'infortunio ha un contraccolpo psicologico devastante. Credevi di essere dio e invece sei una pippa (altresì detto: regola n° 17). In realtà la soluzione è semplice: non allenarsi per un po' (in alcuni casi fortunati, calare solo l'intensità e non il numero degli allenamenti). L'infortunio è un chiaro segnale del corpo («Ahò, m'hai rotto!»... sì, il mio corpo ha un'anima ciociara), va bene cercare di adattarsi a nuovi carichi, ma ci sono limiti fisiologici. Il bravo allenatore tiene i suoi atleti sempre a un passo dall'infortunio e si gioca il tutto per tutto nel giorno della gara clou. Noi che siamo allenatori di noi stessi questa sensibilità non l'abbiamo. Così, invece di avvicinarci al limite senza mai oltrepassarlo, facciamo come le signore che parcheggiano usando i paraurti delle altre auto come punto d'appoggio: dentro e fuori dall'infortunio.

Fase del Recupero (o della Ricostruzione): dopo l'infortunio è necessario rientrare in forma. Di solito, con gli infortuni lievi, bastano un paio di sedute in cui timidamente si allunga un po' e poi si ricomincia. Nei casi gravi si riparte dalla Fase della Fatica e la giostra continua.

Bene. Questa è la vita di un tapascione. Un ciclo di allenamento, di solito, dura tre mesi (o dodici settimane, il che lo fa sembrare più lungo).

In noi tapascioni d'antan (o diversamente giovani, se preferite) molto spesso succede che proviamo tutte le sei fasi dell'allenamento in un'unica seduta. Quello che capita è più o meno questo (dovrei parlare dei miei allenamenti in montagna, ma siccome vale lo stesso anche per un'oretta nel parco sotto casa, descriverò un classico allenamento alla Montagnetta di San Siro a Milano).

Ritrovo fissato alle 18. Qualcuno arriva prima (di solito il Gianlu), qualcuno arriva mooolto prima (di solito il Buzz), qualcuno puntuale (di solito il Giova), qualcuno in ritardo (di solito il Nik) e qualcuno non arriva proprio (di solito il Daniele). Commenti. Frizzi e lazzi. Perdite di tempo per aspettare che Buzz finisca di infilarsi nella maglietta X-Bionic due taglie più piccola (salvo doversi spogliare di nuovo per mettersi la fascia del cardio). Perdite di tempo per aspettare che il nuovo gps del Giova si connetta con i satelliti (digitale terrestre, Capodistria e Svizzera incluse). Perdite di tempo per aspettare che Gianlu faccia il selfie. Perdite di tempo perché il Buzz ha dimenticato le calze e deve recuperarne un paio nel bagagliaio della sua auto (che è come il cestone delle offerte Fuori Tutto a un discount dello sport).

E finalmente si parte.

Dal primo passo senti che la Fase della Fatica è iniziata. Stai ancora correndo in piano e ti sembra di scalare il Mortirolo. Giovanni il saggio dissimula le sensazioni negative con sorrisi di circostanza che, data la sua professione di attore, gli escono naturali. Buzz (l'altro «veterano» del gruppo) lo abbiamo lasciato ai panettoni dopo i primi duecento metri. Resto io che soffro e taccio. Pensiero del momento: «Ma chi me l'ha fatto fare? Ultima volta che vengo ad allenarmi con questi disgraziati».

Appena i muscoli iniziano a essere caldi e abbiamo «rotto il fiato» (come si dice in gergo), la fase della fatica giunge al termine. Io tiro un sospiro di sollievo, penso che in fondo non sono così fuori forma, penso che anche se soffro un pochino è tutto «fieno in cascina» per le prossime corse (altra frase fatta che mi ripeto sempre ma che è una boiata pazzesca, non è che facendo più chilometri come una lumaca ti sei allenato... ti sei solamente stancato di più!).

Ora inizia la Fase dell'Adattamento. Sembra di riuscire a parlare e mi inserisco nei discorsi degli altri. La carogna (nel mio racconto impersonificata da Gianluca) tenta il gambetto reale: mi fa una domanda che richiede una risposta lunga («Franz, ma quest'anno dove vai in ferie?») e aumenta il passo. Ovviamente, anche se carogna, il Gianluca non ha l'esperienza che deriva dall'età e quindi evito con classe la trappola («Niente ferie. Passiamo di qua!» – cinque parole, cinque secondi, meno di mezzo litro d'aria sprecato) e cambio percorso di allenamento. Questo trucco, conosciuto anche come il Controgambetto del Cavallo, funziona bene quando sei l'ultimo del gruppo e gli altri per seguirti devono invertire la marcia, ritornare indietro di qualche metro e tu guadagni la testa del gruppo e, soprattutto, secondi preziosi. Ovviamente il trucco non funziona se lo prova a fare il Buzz: quando corre sembra sempre stia per esalare l'ultimo respiro, quindi o non lo sentiamo o fingiamo di non sentirlo. Lui gira a destra e noi tutti proseguiamo dritti e ci troviamo in spogliatoio dopo la corsa.

Dopo circa 30 minuti (i nostri allenamenti durano circa un'oretta) inizia la Fase dello Scoramento. Non è casuale il fatto che siamo a metà percorso. Fino a qualche istante prima c'era l'illusione mentale di poter mollare il gruppo e rientrare con poco sforzo. Al giro di boa, ormai, sappiamo che ad andare avanti o tornare indietro bisogna fare la stessa fatica. Anche in questo caso tendiamo a esorcizzare i pensieri negativi bullizzando Gianlu, che è l'obiettivo ideale dei nostri strali (l'altro sarebbe il Buzz, ma è come sparare sulla croce rossa: facile ma per niente divertente). Ovviamente non possiamo opporci a lui sul piano fisico (e facciamo fatica anche su quello culturale, visto che è un professore con due lauree), perciò scegliamo discussioni di tipo religioso («Tutti gli juventini sono dei ladri!») o parafilosofico («Ma visti i tuoi post sui social, la Perugina ti ha già offerto un posto per le frasi dei Baci?»).

La parte migliore è la Fase dell'Eccitazione. Appena iniziamo il ritorno verso lo spogliatoio, tiriamo un sospiro di sollievo, e qualcuno commenta malignamente: «Fiato corto, Franz?». Per smentire questo pregiudizio nei confronti di noi atleti con esperienza mi impettisco tutto e mi porto in testa al drappello. Le gambe girano che è un piacere. Non commetto l'errore da dilettante di guardare il gps (scoprire che stiamo andando a 5'40/km mi precipiterebbe nello scoramento) e, in piena eccitazione, propongo un percorso più lungo per la prossima uscita. Qualcuno, contagiato dal mio entusiasmo, inizia a dire che sarebbe bello preparare una maratona autunnale. Altri si lanciano su una sfida sul miglio in pista. Giovanni il saggio (di nuovo) abbozza e resta indietro. La Fase dell'Eccitazione è la più breve. Come un fuoco di paglia arde furiosa e si spegne immediatamente. Dopo un paio di minuti inizio ad ansimare e devo rallentare, raggiunto immediatamente da Giovanni che, prudente, mi aspettava in coda.

Intorno al cinquantesimo minuto *taaaac*... parte la Fase dell'Infortunio, che si distingue in tre tipologie ben precise.

L'infortunio comune (la storta, la contrattura, il dolorino al fianco ecc.), che forse non si dovrebbe nemmeno considerare un infortunio ma un solo malessere. Dura il tempo di lamentarsene ma autorizza a rallentare vistosamente.

L'infortunio immaginario (Gianlu è campione mondiale di ipocondria applicata al running), che va dal calletto all'alluce fino alle forme rarissime di letargia pregara.

L'infortunio teorico o romanzato, che è il più comune. Alla fine dell'allenamento ogni new entry del gruppo si sente autorizzata a parlare dei propri acciacchi (e ce n'è da riempire un'enciclopedia medica). I runner parlano di gare e di personal best. I runner «di una certa...», invece, parlano dei loro infortuni.

La Fase degli Infortuni può durare anche parecchio, dipende dal grado di loquacità dei membri del gruppo. Come dicevo, Gianlu è campione mondiale e potrebbe fare una 100 chilometri senza mai smettere di raccontare di quanto male stia.

E finalmente siamo arrivati alla fine, lo spogliatoio ci accoglie e la doccia dà inizio alla Fase della Ricostruzione (o Recupero), che viene conclusa in bellezza ritrovando le energie seduti con le gambe sotto al tavolo e reintegrando sali e liquidi con un bel boccale di birra.

Una volta un saggio ha detto che non è importante la quantità delle esperienze ma la loro qualità: vedo tanti ragazzi dannarsi l'anima in cicli di allenamento progressivo quando noi possiamo sintetizzare 12 settimane in 60 minuti. È il privilegio dell'età... crescerete e ci darete ragione (per il momento accontentatevi di vincere le gare!).

La domanda finale

Siamo arrivati alla fine e qualcuno si chiederà: «Ma quindi? Fino a che età si può correre?».

Siete proprio dei testoni: ci abbiamo scritto un libro che, fin dal titolo, dava indizi chiari: *Niente panico, si continua a correre!*

Il fatto è che, insieme a noi, è cambiato il nostro modo di intendere la corsa.

Un certo giorno abbiamo superato il confine tra lo sport e la vita. Abbiamo abbandonato l'artificiosità di correre per allenarsi, gareggiare, misurarsi, faticare e abbiamo abbracciato la filosofia di muoversi velocemente da un posto all'altro.

Nel tempo siamo scesi dal tapis roulant e siamo usciti in strada. Poi, quando la strada si è fatta troppo corta, abbiamo iniziato a esplorare la natura. Adesso ci siamo liberati dalla necessità di andare da qualche parte, di dimostrare che possiamo correre una maratona o stare in un certo tempo. Adesso ci godiamo la corsa.

Siamo un po' più liberi. Liberi, persino, di non correre.

Abbiamo scoperto che questa consapevolezza non dipende dall'età anagrafica, ma dal grado di «maturazione podistica».

Abbiamo scoperto che correre come facciamo noi non è meglio o peggio di chi corre per gareggiare o per dimagrire. È solo diverso. Più adatto a noi.

Ecco, forse questo è il messaggio finale.

Arriva un momento in cui capisci quale tipo di corsa fa al caso tuo. E se accetti questa consapevolezza, vivi in armonia con il tuo corpo scricchiolante e con la tua scostante voglia di faticare.

In fondo l'unica cosa che davvero ci importa è poter uscire a farci una sessantina di minuti di buon passo.

SIAE DALLA PARTE DI CHI CREA
Aut. PP - 50 - 2018

MISTO
Carta da fonti gestite in maniera responsabile
FSC® C115118
FSC www.fsc.org

Mondadori Libri S.p.A.

Questo volume è stato stampato
presso ELCOGRAF S.p.A.
Stabilimento - Cles (TN)

Stampato in Italia - Printed in Italy